AF625580

Stefan Winckler

—

Erlebnis Fränkische Saale

Stefan Winckler

Erlebnis Fränkische Saale

Ein Reisebegleiter

Königshausen & Neumann

Bibliografische Information der Deutschen Nationalbibliothek
Die Deutsche Nationalbibliothek verzeichnet diese Publikation in der Deutschen Nationalbibliografie; detaillierte bibliografische Daten sind im Internet über http://dnb.d-nb.de abrufbar.

© Verlag Königshausen & Neumann GmbH, Würzburg 2024
Umschlag: skh-softics / coverart
Umschlagabbildungen:
vorne: Fränkische Saale zwischen Kleinbrach und Großenbrach nahe Bad Kissingen
Rückseite: Bad Kissingen, Übergang vom Brunnenhaus zum Arkadenbau

Alle Rechte vorbehalten.

Dieses Werk, einschließlich aller seiner Teile, ist urheberrechtlich geschützt. Jede Verwertung außerhalb der engen Grenzen des Urheberrechtsgesetzes ist ohne Zustimmung des Verlages unzulässig und strafbar. Das gilt insbesondere für Vervielfältigungen, Übersetzungen, Mikroverfilmungen und die Einspeicherung und Verarbeitung in elektronischen Systemen.

ISBN 978-3-8260-8347-1
eISBN 978-3-8260-8348-8

www.koenigshausen-neumann.de
www.ebook.de
www.buchhandel.de
www.buchkatalog.de

Inhalt

1	Einleitung	10
2	Gemünden am Main	20
3	Wallfahrtskloster Schönau	48
4	Naturschutzgebiet und Ruine Homburg	54
5	Höllrich	60
6	Gräfendorf	68
7	Hammelburg	78
8	Vom Saaletal in den Weltraum: Erdfunkstelle Fuchsstadt	126
9	Kreuzkapelle	132
10	Ruine Trimburg	136
11	Aura an der Saale	144
12	Euerdorf	152
13	Ein Bayerisches Staatsbad und (ehemaliges) Weltbad: Kissingen	164
14	Kloster Frauenroth	224
15	Aschach und Bad Bocklet	232
16	Steinach	246
17	Bad Neustadt an der Saale	252
18	Münnerstadt	290
19	Zwischen Bad Neustadt und Bad Königshofen	314
20	Bad Königshofen im Grabfeld	328
21	Von Trappstadt nach New York	352
22	Kleinbardorf	358
23	Saalequellen	364
24	Grünes Band	370

Gespräch mit Kreisheimatpfleger Reinhold Albert, 11. April 2022, in Sternberg/Grabfeld 377

Literatur 391

Gedruckte Publikationen 396

Dank 401

Gott gab
8
9
10
11
12

Am Schloss Wolfsmünster

1
EINLEITUNG

1. Einleitung

Warum sich die Fahrt an die Fränkische Saale lohnt

Das Tal der Fränkische Saale als Thema eines reich bebilderten Buches? Während beispielsweise der Rheingau mit Fachwerkdörfern, Schlössern, Klöstern, Weinbergen und Sektkellereien schon oft in Bildbänden und Reiseführern präsentiert wurde, ist die Landschaft entlang der Fränkischen Saale ein weitgehend „unbeschriebenes Blatt", abgesehen von Darstellungen über Bad Kissingen oder Chroniken einzelner Orte. Das erstaunt, da zahlreiche Sehenswürdigkeiten einen Aufenthalt, einen Feiertagsausflug oder, besser noch, einen mehrtägigen Urlaub in dieser überraschend geschichtsträchtigen Gegend nahelegen. Es gibt selbst für Einheimische und regelmäßige Gäste allerhand zu entdecken. Dazu möchte dieser Band, der Geschichtsdarstellung und Fotografie verbindet, anregen.

Die offiziellen Denkmallisten geben genaue Auskünfte über Standorte und Eigenheiten der zahlreichen weiteren Monumente. Die dazugehörigen Verweise sind im Anmerkungsabschnitt (Fußnoten) angegeben. Sie lassen sich zusätzlich hier, nach Landkreisen und Kommunen geordnet, abrufen: DenkmalAtlas 2.0 (bayern.de). Hilfreich ist dazu die Satellitenperspektive: BayernAtlas - der Kartenviewer des Freistaates Bayern.

Das Saalegebiet ist touristisch attraktiv: Der Landkreis Bad Kissingen verzeichnete im Jahre 2022 1.846.605 Übernachtungen, gefolgt vom Kreis Rhön-Grabfeld (850.193). Bad Kissingen, Bad Neustadt, Bad Bocklet und Bad Königshofen sind Heilbäder, die nicht nur Kurgäste anziehen. Zusammen mit Bad Brückenau bilden sie die touristische Arbeitsgemeinschaft „Gesundheitsregion Bäderland Bayerische Rhön", gegründet von den jeweiligen Kurdirektionen. Bad Kissingen zählt seit Sommer 2021 zusammen mit zehn weiteren Kurstädten zu den „Great Spa Towns of Europe" und ist damit Teil des UNESCO-Welterbes. Dieser Aufstieg in die *Champions League* der europäischen Badeorte rechtfertigt es um so mehr, Stadt und Umgebung in diesem Bildband zu präsentieren.

Zum anderen ist Hammelburg ein bedeutender Militärstandort, an den sich viele ehemalige Bundeswehrangehörige erinnern, die dort zum Wehrdienst oder zur Fortbildung weilten.

Vom Saaletal aus kann das Regionalzentrum Würzburg sowie die Oberzentren Fulda und Schweinfurt leicht erreicht werden. Der Weg vom Saaletal, der „Dachrinne der Rhön", zu den Mittelgebirgsspitzen und Mooren der Hochrhön ist kurz.

Der Naturpark Bayerische Rhön schließt unmittelbar nördlich an den Flussverlauf an und reicht bis zur hessischen Landesgrenze. Bei einem „Naturpark" handelt es sich um ein einheitlich zu entwickelndes und zu pflegendes großräumiges Landschafts- oder Naturschutzgebiet. Er eignet sich für die Erholung und ist dafür vorgesehen. Im Naturpark wird ein nachhaltiger Tourismus und eine dauerhafte umweltgerechte Landnutzung und Regionalentwicklung angestrebt (Bundesnaturschutzgesetz, § 27).
Vor 41 Jahren, am 26. November 1982, wurde der Naturpark Bayerische Rhön ausgewiesen. Die Saale zwischen Bad Neustadt und Hammelburg begrenzt zugleich das UNESCO-Biosphärenreservat Rhön nach Südosten.

Unsere Reise beginnt an der Mündung der Fränkischen Saale in den Main. Anschließend geht es ab dem regen Verkehrsknotenpunkt Gemünden flussaufwärts über Kloster Schönau, die Homburg, Schloss Saaleck, Kloster Altstadt, Hammelburg, Kapelle Maria Steinthal (Wallfahrtsort), Erdfunkstelle Fuchsstadt, Ruine Trimburg, Aura, Bad Kissingen mit seinem Stadtkern und Kurgelände, den Saaleauen samt Flugplatz, Ruine Botenlauben, Aschach, Bad Bocklet, Bad Neustadt mit der Salzburg, Münnerstadt und Bad Königshofen im oft unterschätzten Grabfeld bis zu den Quellen der Saale nahe den Dörfern Alsleben und Obereßfeld. Im Schloss Höllrich öffnet der Eigentümer, Hans Herr, die Türen zum Interieur – und erläutert exklusiv das Wichtigste zu diesem Bauwerk im Interview. Am Abschluss der Reise steht ein ausführliches Gespräch über Geschichte und Gegenwart mit dem Heimatforscher Reinhold Albert.

Die Beschreibung der Saaleregion in Wort und Bild bietet aber mehr als Kultur- und Naturbetrachtung. Die Fahrt flussaufwärts ist eine Reise in die deutsche Geschichte, beginnend mit der mittelalterlichen Gründung Gemünden über den neuzeitlichen Flair der Kurorte hin zur jüngsten Vergangenheit: Die Überreste des Eisernen Vorhangs können unweit der Saalequellen erkundet werden. Die Besiedlungsgeschichte reicht sogar mehrere Jahrtausende zurück bis in die Steinzeit. Besonderes Augenmerk gilt der jüdischen Geschichte an der Saale; so habe ich auch den zweitgrößten jüdischen Friedhof Bayerns in Kleinbardorf aufgesucht.

Recherchen zur Zeitgeschichte legen einige Biografien frei, die eine vertiefende Betrachtung verdienen: Ein christlicher Gewerkschafter, der als Widerstandskämpfer gegen Hitler sein Leben riskierte, später den Stalinisten die Stirn bot und als erster Bundesminister für Gesamtdeutsche Fragen seinen Weg ging, nicht immer zu Adenauers Freude. Des Weiteren: ein Mann aus einfachen Verhältnissen, der zu einem der einflussreichsten katholischen Geistlichen weltweit werden sollte. Darüber hinaus gibt es wertvolle Persönlichkeiten auf lokaler Ebene, die in schwierigen Zeiten beispielhaft gewirkt haben, sicher über den Tag hinaus. Welche international bekannten Familien ihren Ursprung am Saaleufer haben, wird an weiteren Stellen des Buches erzählt werden. Welche berühmten Kurgäste kamen ins „Weltbad Kissingen", und was wurde ihnen geboten? Warum verbrachte der Ur-Preuße Otto von Bismarck 17 Mal seine Sommerfrische an der Saale?

Fränkische Saale – welche Saale?

Sie ist ein unterfränkischer Nebenfluss des Mains, der sich vom Grabfeld bis Gemünden auf einer Länge von 135 Kilometer in vielen Windungen durch ein breites Tal schlängelt. Der Name „Saale", im Jahre 777 als „Sala" und „Salu" in einem Fuldaischen Urkundenbuch aufgeführt, bedeutet: fließendes Gewässer.

Zwar entspringt auch die (Sächsische) Saale in Franken: im Fichtelgebirge. Doch jene Saale ist ein ganz anderer Fluss: ein Zufluss der Elbe, mit größerem Einzugsgebiet und mehr als doppelt so langem Lauf, Thüringen und Sachsen-Anhalt in nördlicher Richtung durchquerend. Dementsprechend ist die mittlere Wasserführung der (Sächsischen) Saale viel höher als jene der Fränkischen Saale.

Im vorliegenden Band widme ich mich der Fränkischen Saale (im Folgenden oft einfach „Saale" genannt).

Ad Fontes (zu den Quellen)! Die Staatsstraße 2302 führt dicht an der Saale entlang durch eine idyllische Landschaft, während die B27/B287 schneller an die beschriebenen Städte sowie an die von weitem sichtbare Ruine Homburg heranführt, aber stellenweise einige Kilometer von der Saale entfernt ist. Die Eisenbahnlinie Gemünden – Bad Kissingen verläuft parallel zur Saale und bietet beste Ausblicke. Dort war ich in den Jahren 2021/22 mit der Kamera unterwegs.

Gemünden: Saale (rechts) mündet in den Main

Saaletalbahn. Die Deutsche Bahn investierte im Sommer 2021 rund 20 Millionen Euro in die Strecke zwischen Gräfendorf und Elfershausen, was v.a. der Sicherheit zugute kommen soll.

Ein Radwanderweg Fränkische Saale nahe am Ufer empfiehlt sich wegen der lieblichen Natur und der geringen Steigung. Er ist Teil der Vier-Sterne-Route „Vom Main zur Rhön" des Allgemeinen Deutschen Fahrrad-Clubs.
Der Fluss selbst hat einen mittleren Abfluss (MQ, durchschnittliches Wasservolumen) von 16,6 Kubikmeter pro Sekunde am Pegel Wolfsmünster, knapp sieben Kilometer oberhalb der Mündung.

Die Saale überwindet von der Quellflüssen bei Alsleben und Obereßfeld bis zur Mündung einen Höhenunterschied von 159 Meter; damit ist das Gefälle gering.

Das Einzugsgebiet umfasst 2.766,45 Quadratkilometer und entspricht ungefähr dem nördlichen Unterfranken zwischen dem nordöstlichen Spessart und dem äußersten Südwesten Thüringens.

In verschiedenen Abschnitten der Saale leben ca. 20 Fischarten: Aal, Aland, Äsche, Bachforelle, Barbe, Barsch, Bitterling, Brassen, Döbel, Elritze, Groppe, Gründling, Hasel, Hecht, Karpfen, Kaulbarsch, Nase, Rotauge, Rotfeder, Wels.[1] Das Vorkommen variiert je nachdem, ob die Saale eher schnell (Oberlauf) oder eher träge (Unterlauf) fließt. So leben in den oberen Abschnitten eher Salmoniden wie Bachforellen, und auf den letzten Kilometern vor der Mündung Karpfen, Weißfische, Aale. Auch die Schleie, ein schmackhafter Speisefisch, wird gesichtet.

Der Bestand an Hechten ist gut entwickelt. Beim traditionellen Herbstangeln in Bad Kissingen Oktober 2021 konnte ein Hecht mit einem Gewicht von zehn Kilogramm gefangen werden. [2]

1 Fränkische Saale bei Hammelburg – Gewässersteckbrief anglermap

2 Vgl. Kapitale Fische am Haken (infranken.de).

Die Saale bei Wolfsmünster

Die Saale vor ihrer Mündung in Gemünden

2
GEMÜNDEN AM MAIN

2. Gemünden am Main

Hier mündet die Saale in den Main, kurz nachdem sie die Sinn, ihren wasserreichsten Nebenfluss, aufgenommen hat. „Gemünnem" (Dialekt), ein staatlich anerkannter Erholungsort, ist der nordöstliche „Eckpunkt" des Mainvierecks.

Bei Gemünden biegt der Main, von Südosten kommend, nach Südwesten, Richtung Lohr. Er umfließt fortan den Spessart.

Gemünden war und ist ein Verkehrsknotenpunkt: Die Bundesstraße 26 führt durch die Stadt parallel zum Main. Dieser Fluss ist ebenfalls eine wichtige Verkehrsader, es existiert eine Anlegestelle sowie ein Schutz- und Sportboothafen. Schon ein Kurzaufenthalt in Gemünden reicht aus, um die

Main
vorherige Seite: *Blick auf Altstadt, Ruine Scherenburg und Theodosius-Florentini-Schule*

Bedeutung der Eisenbahn für den Ort zu erahnen: Im Abstand weniger Minuten sind Personen- oder Güterzüge zu hören. Der Bahnhof verfügt über neun Gleise. Rund 116 Regionalbahn- und Regionalexpresszüge fahren hier laut Fahrplan an einem Tag ab (Stand: 2023). Fernzüge halten seit 2014 nicht mehr in Gemünden, was wohl der Nähe zum ICE-Bahnhof Würzburg geschuldet ist (40 Kilometer südlich).

Bahngelände in Gemünden

Stadtrundgang

Das Auto kann kostenlos auf dem Festplatz Lindenwiese oder auf dem Parkplatz Mainlände abgestellt werden. Der Festplatz liegt auf einer Saale-Insel, wenige hundert Meter südlich der Vereinigung von Sinn und Saale.

Das spätbarocke, dreigeschossige Huttenschloss am westlichen Ufer der Saale in der Frankfurter Straße, 1711 gebaut, hat den Namen von seinen späteren Besitzern: der Dynastie derer von Hutten. Zuerst war es in Besitz von Franz-Ludwig Reichsfreiherr von Hutten zu Stolzenberg. Anschließend ging das Schloss – Gemündens einziger erhaltener historischer Prachtbau – in den Besitz des Würzburger Fürstbischofs Christoph Franz von Hutten. Es war fortan Würzburgischer Amtssitz und diente seit der Säkularisation als Finanz-

Die Sinn fließt in die Saale

amt (alte Bezeichnung: Rentamt), städtische Jugendherberge (im Nebengebäude) und Heim des Reichsarbeitsdienstes, nach 1945 als Unterkunft für Ausgebombte und Flüchtlinge, bis es immer mehr verfiel – der Stadt fehlten die Mittel zur Sanierung. Erst 1987 fand das Schloss eine neue Funktion als Unterfränkisches Verkehrsmuseum. Wegen der hohen Unterhaltskosten ließ sich eine Schließung im Jahre 2004 nicht mehr vermeiden.

Das Huttenschloss beherbergt heute ein privates Film-Photo-Ton-Museum mit zahlreichen alten Fotoapparaten, Kameras, Filmvorführgeräten, einer Dunkelkammer, einem kleinen Kinosaal zur Aufführung von Filmklassikern – und 500 Belichtungsmessern. Fast schon kurios: Erst auf den zweiten Blick lässt sich der sehr frühe Videorekorder von 1970 als solcher erkennen. Eine Tür weiter befindet sich ein Raum mit Grammophonen und historischen Radiogeräten. Mit all diesen Exponaten aus dem vor-digitalen Zeitalter – den Älteren bestens vertraut, den Jüngeren fremd – dürften dieses Museum zu den Besten seines Fachs in Deutschland zählen. Die Stadtgeschichte kann in ausführlichen Abhandlungen und reich bebilderten Schautafeln im ersten Stockwerk erschlossen werden, darüber hinaus befindet sich im Nebengebäude ein Stadtmodell „Gemünden um 1930". Präparierte Wildtiere aus der nächsten Umgebung sind in einem eigenen Raum ausgestellt. Die

Entwicklung der Fischerei wird in einem weiteren Zimmer präsentiert: die Zunftordnung aus Jahre 1567 ist dokumentiert.
Mehr unter http://www.museum-huttenschloss.de/ !

Auf der Saalebrücke (ein Vorläufer entstand 1598 bis 1613) befindet sich eine Buntsandstein-Statue des „Brückenheiligen" Johann von Nepomuk (Kopie).

Weniger oft betrachtet als diese Kopie wird die Hausfigur des heiligen Sebastian aus dem späten 16. Jahrhundert in der Plattnersgasse 8.

Die Scherenbergstraße führt nach links zum Mühltorturm, dem einzigen erhaltene Überrest der früheren Stadttore. Der Turm stammt aus dem dreizehnten/vierzehnten Jahrhundert.

Bei der Altstadt, die wir jetzt vor uns haben, handelt es sich um ein denkmalgeschütztes Ensemble, abgegrenzt durch die Stadtmauer. Informationen zu einzelnen Bauten, Bildstöcken und sonstigen Monumenten in Kernstadt und Stadtteilen können auf der Liste des Bayerischen Landesamts für Denkmalpflege nachgelesen werden.[3] Der Marktplatz wenige Meter geradeaus ist bei Sommerwetter von zahlreichen Radfahrern belebt, die sich hier in den Cafés und Bäckereien für ihre weitere Tour auf dem MainRadweg stärken. In der Adventszeit ist der Bergfried der Scherenburg als riesige Kerze illuminiert.

Die Stadtpfarrkirche St. Peter und Paul in der Obertorstraße südöstlich des Marktplatzes ist zum größeren Teil ein Neubau aus den Jahren 1948 bis 1950, nachdem der Krieg nur die Grundmauern und das Erdgeschoss des Turmes übrig gelassen hatte. Es handelt sich um eine freie Rekonstruktion der alten Kirche. Das Interieur beschränkt sich auf das Wesentliche, der damaligen Zeit entsprechend.

Ob jemand vom Westen oder Süden kommt – schon von weitem erblickt er die Ruine einer Höhenburg mit markantem Bergfried: die Scherenburg.

3 denkmalliste_merge_677131.pdf (bayern.de)

Huttenschloss

Johann von Nepomuk

Mühltorturm

Gedenkstein für das im Krieg zerstörte Rathaus

Weihnachtsstimmung

Marktplatz

Schmiedeeisernes in der Obertorstraße

Eine schmale Gasse zwischen Obertorstraße und Stadtmauer

Scherenburg

Die örtlichen Territorialherren, die Grafen von Rieneck, errichteten die Scherenburg wohl um 1243. Im Jahre 1469 kam die Burg an die geistliche Herrschaft Würzburg. Seitdem ist sie nach Fürstbischof Rudolf II. von Scherenburg benannt. Der Verfall setzte im achtzehnten Jahrhundert ein. In unserer Zeit ist sie Schauplatz der Scherenburgfestspiele, die Sommer für Sommer rund sechs Wochen lang Theater und Musik bieten. So standen im Jahre 2023 jeweils 14 Aufführungen des Stücks „Sugar" (nach „Manche mögens heiß") und Shakespeares „Sommernachtstraum" sowie 16 Darbietungen des Kinderbuch-Klassikers „Das kleine Gespenst" auf dem Programm, außerdem Auftritte des fränkischen Kabarettisten „Erwin Pelzig" und des Lokalmatadors Andreas Kümmert.

Wegweiser zur Kultur

Lediglich in den Jahren 2020 und 2021 sorgte Corona für den Ausfall. Am 3. Juli 2022 konnten im Beisein von Ministerpräsident Markus Söder eine dauerhaft überdachte Zuschauertribüne (650 Sitzplätze) und eine neue Festspielbühne hinter der Ruine eingeweiht werden, rechtzeitig zur Saison vom 8. Juli bis 21. August 2022. Die Baukosten beliefen sich auf rund 1,6 Millionen Euro. Die Bauplanung lag in den Händen des Gemündener Architekturbüros Kraus.

Festspielbühne

Der geräumige Burgkeller kann für Veranstaltungen wie Hochzeiten, Firmenfeste und Geburtstagsfeiern angemietet werden. Er bietet bis zu hundert Personen Platz.

Etwas unterhalb befindet sich ein Beispiel für bürgerliche Gartenkunst aus der Biedermeierzeit (ca. 1828 bis 1845): die Grünanlage des königlichen Landgerichtsarztes Dr. Heinrich Leonard Ronkarz, geschaffen im Stil oberitalienischer Terrassengärten. Der Höhenunterschied zwischen dem oberen und dem unteren Rand beträgt 40 Meter! Die denkmalgeschützte Anlage konnte von 2001 bis 2007 restauriert werden. Hier bietet sich ein Überblick über den Stadtkern, insbesondere den Marktplatz. Main und Spessart bilden den Hintergrund.

Der runde Eulenturm in der Mainstraße stammt aus dem vierzehnten bis sechzehnten Jahrhundert und diente als südlicher Eckturm der Stadtbefestigung.

Das Amtsschreiberpförtchen (vierzehntes bis achtzehntes Jahrhundert) in der Stadtmauer ermöglichte Fischern und Schiffsleuten vom Mainufer aus den Zugang zur Stadt, wenn die Stadttore geschlossen waren. Die Stadtmauer wurde an dieser Stelle in den frühen 1990er Jahren freigelegt und saniert.

Der Hexenturm in der Fischergasse war einer der Wehrtürme der Stadtbefestigung. Er wurde zwischen dem vierzehnten und dem sechzehnten Jahrhundert errichtet.

Ronkarzgarten

Über die Stadt hinaus

Eulenturm

Stadtmauer mit Amtsschreiberpförtchen

Wer den Bahnhof durch den Haupteingang verlässt, erblickt auf der gegenüberliegenden Straßenseite die evangelische Kirche, einen Jugendstilbau von 1909/1910.

Insgesamt sind in Gemünden 117 Baudenkmäler verzeichnet.

Nahe der Bundesstraße 27 Richtung Bad Kissingen liegt links ein umfangreicher Gebäudekomplex: das Kloster der Barmherzigen Schwestern vom heiligen Kreuz (Kreuzschwestern). Dabei handelt es sich um eine internationale franziskanische Ordensgemeinschaft. Ziel der 46 Nonnen (Stand April 2023) ist es, Kinder/Jugendliche zu erziehen und zu unterrichten, alte bzw. kranke Menschen zu pflegen, Benachteiligte zu unterstützen und seelsorgerisch zu begleiten. Die vom weitem sichtbare Klosteranlage, 1956 bis 1961 errichtet, bietet seniorengeeignete Wohnungen, die Theodosius-Florentini-Schule (Realschule und Gymnasium traditionell für Mädchen, seit 2016 auch für Jungen), einen Kinder- und Jugendhort, eine Heilpädagogische Tagesstätte, eine Kindertagesstätte und spirituelle Angebote.

Hexenturm

Geschichte der Stadt Gemünden

Gemünden ist ein altes und zugleich ein junges Städtchen. „Alt" ist der Ursprung im Mittelalter und der frühen Neuzeit. „Jung" ist Gemünden, weil der Ort in Teilen nach dem Kahlschlag von 1945 wieder aufgebaut wurde und auf eine gelungene Altstadtsanierung verweisen kann.

Auf der Gemarkung des heutigen Gemünden hielten sich bereits in der Steinzeit Jäger und Sammler auf, die sich für einen begrenzten Zeitraum einfache Hütten und Zelte bauten.[4]

Die erste urkundliche Erwähnung der Fischersiedlung an Main, Sinn und Saale datiert von 1243. Nach mehreren Besitzwechseln zwischen den Grafen von Rieneck und den Würzburger Bischöfen gehörte Gemünden ab 1469 bis zur Säkularisation 1802/1803 zum Fürstbistum Würzburg. Ein Jahr nach dem Wiener Kongress ge-

4 Vgl. Freilandstation – Wikipedia.

Evangelische Kirche

Blick vom Main Richtung Schule

langte Gemünden zum Königreich Bayern (seinerzeit „Baiern" geschrieben). Das war 1816.

Dort, wo Main, Sinn und Saale zusammenfließen, spielte die Fischerei eine wichtige Rolle (daher auch der Neckname „Määfisch" oder „Backfischlich" für die Gemündener). Die älteste Fischereizunftordnung ist aus dem Jahre 1576 nachgewiesen. Die Fische wurden nach Kissingen, aber auch nach Würzburg, Frankfurt und Mainz verkauft. Jahreszeitlich bedingt, flochten die Fischer im Winter Reussen und Körbe. Seit Jahrhunderten schon wurden hier Schelche gebaut: Holzboote für die Fischer an Saale und Sinn.

Gemünden kann ferner auf eine Weinbautradition verweisen, die mit dem Reblausbefall im späten neunzehnten Jahrhundert vorläufig endete. Im Jahre 1982 initiierte die Stadt mit dem „Gemündener Scherenberg" eine Fortsetzung – wenn auch nur auf der Fläche von derzeit 0,23 Hektar. Der Weingarten ist mittlerweile verpachtet, der Silvaner kann in der Touristinfo gekauft werden.

Saale in Gemünden

Landrätin Sabine Sitter überreicht im Juli 2022 Ministerpräsident Markus Söder Gemündener Wein

Frühzeitig erhielt Gemünden einen Eisenbahnanschluss (1854, Abschnitt Würzburg bis Aschaffenburg), weitere Strecken nach Norden (Richtung Elm bei Schlüchtern, 1872) und durch das Saaletal bis Hammelburg (1884) folgten. Die Bahnlinie Würzburg-Aschaffenburg hieß Ludwig-Westbahn und war Eigentum des bayerischen Staates, während die Strecke nach Norden, die Kurhessische Bahn, dem Königreich Preußen gehörte. Es gab für die beiden Bahnlinien in Gemünden zwei getrennte Bahnhöfe mit jeweils eigenem Personal sowie zwei Bahnbetriebswerke, da die einzelnen Bundesstaaten im Deutschen Kaiserreich über ein erhebliches Maß an Souveränität verfügten. In jeder der beiden Stationen zeigten die Uhren eine andere Zeit an: Im Bayerischen Bahnhof galt die Münchner Ortszeit, im 300 Meter entfernten Preußischen Bahnhof die Berliner Zeit – ein Unterschied von sieben Minuten. Der deutsche Bahnverkehr kannte fünf verschiedene Zeitzonen, die um bis zu 20 Minuten differierten: die norddeutsche Zeit entsprechend der Ortszeit von Berlin, die württembergische Zeit analog der Stuttgarter Ortszeit, die badische Zeit gemäß der Karlsruher Ortszeit. Die bayerische Pfalz hinkte der Münchner Zeit um 13 Minuten hinterher – ein Königreich, zwei Zeitzonen! 1891 verständigten sich die Eisenbahngesellschaften auf *eine* Uhrzeit, und erst seit 1893 ist Deutschland eine gesetzlich definierte einheitliche Zeitzone: Es gilt die Mitteleuropäische Zeit (MEZ) als Standardzeit, die exakt der Uhrzeit am 15. Längengrad (Görlitz) entspricht.[5] In Gemünden einigten sich beide Eisenbahnunternehmen darauf, einen gemeinsamen Bahnhof zu betreiben: Er existiert seit 1912.

Parallele Verkehrswege

Neben der historischen Fachwerksiedlung Gemünden entstand modernes Gewerbe, v.a. Holzverarbeitung, wie es die Nähe zum Spessart nahelegt. Über den romantischen Stadtkern schrieb Joachim Ringelnatz (in eigenwilliger Orthografie) sehr knapp, er habe dort auf einer Fahrt von München nach Bad Hersfeld Station gemacht: „Ich stieg aufs Geratewohl in Gmünden (sic!) aus, fand viel Frohsinn, drollige Gassen und Häuser, logierte mich im Hotel Koppen ein und trank der Kellnerin Therese zuliebe 15 Schoppen Wein" (Als Mariner im Kriege, 1928). Dieser Gasthof ist 1509 erstmals unter dem Namen

5 Vgl. Eisenbahnerstadt Modellanlage - Gemünden in den 1930er Jahren (museum-huttenschloss.de), vgl. Gesetz betreffend die Einführung einer einheitlichen Zeitbestimmung – Wikipedia

„Die gute Herberge" erwähnt worden. Damit ist er einer der ältesten urkundlich erwähnten Gasthöfe in den deutschen Landen. Er existiert heute noch als „Hotel Koppen" in der Obertorstr. 22.

Wirtshausschild

Überhaupt gab es in Gemünden als Verkehrsknotenpunkt mit Zugang zu Fluss, Bahn und Straße reichlich Gaststätten, die oft auch den nötigen Nebenerwerb der vielen Schiffer- und Fischerfamilien darstellten: 1909 waren es 21 Schank- und Gaststätten, bei einer Einwohnerzahl von knapp 2.400 Personen. Oft waren die Wirtshäuser auf vorbeifahrende Fuhrleute eingestellt: Die Wirte verkauften Backwaren aus dem Fenster heraus an vorbeifahrende Fuhrleute, die ihre Gespanne nicht unbeaufsichtigt lassen wollten. Heute würden wir von „drive-in" sprechen.

Im Bezirk (Landkreis) Gemünden kam die „schwarze" Bayerische Volkspartei selbst unter den schwierigen Bedingungen der Reichstagswahl vom 5. März 1933 knapp an die absolute Mehrheit heran (49,2 Prozent). Wie wir im Folgenden sehen, wählt(e) das Saaletal traditionell konservativ. Dies gilt auch für die Jahrzehnte seit 1945, als die CSU die mit Abstand wählerstärkste Partei war (und ist), während die Arbeiterbewegung in dieser ländlichen Gegend traditionell schwach ausgeprägt ist.

Eine jüdische Gemeinde ist in Gemünden erstmals im späten dreizehnten Jahrhundert nachgewiesen. Sie ging in den seinerzeitigen Pogromen des Ritters Rintfleisch unter. Im siebzehnten Jahrhundert entstand eine neue jüdische Gemeinde, die im Jahre 1900 100 Personen umfasste. Bedeutender waren jedoch die jüdischen Gemeinschaften im benachbarten Heßdorf und in Hammelburg. 1933 lebten 67 jüdische Deutsche in der Stadt. Am 10. November 1938 zerstörten Gemündener SA-Horden die Synagoge in der Plattnersgasse durch eine Zeitbrandbombe, demolierten den Innenraum und und raubten Wohnungen aus.

Welche Folgen es hatte, wenn jemand einzuschreiten versuchte, zeigt das Beispiel des Gemündener Bürgers Franz Holzemer, der am Tag nach der Pogromnacht jüdischen Frauen aus der Nachbarschaft sein Bedauern ausdrückte und Hilfe anbot. Er, ein gläubiger Katholik, kam deswegen für mehrere Wochen in Gestapo-Haft.[6] Als Soldat in den Niederlanden hielt er freundschaftlichen Kontakt zu einer Familie in Oisterwijk, deren größtes Geheimnis er für sich behielt: Auf ihrem Bauernhof waren Juden und Widerstandskämpfer versteckt. In einem Fernsehinterview würdigte ihr Sohn Holzemers Charakter.[7]

Bomben und Artillerie machten Holzemers Haus in Gemünden dem Erdboden gleich. Seine Frau war unter dem Kriegstoten. Das Angebot der Amerikaner, erster Bürgermeister nach der Kapitulation zu werden, lehnte er nach diesen Schicksalsschlägen ab. Holzemer, der vor dem Krieg Versicherungsagent war, hielt sich fortan als fahrender Schuhhändler über Wasser. 1989 verstarb er im Alter von 87 Jahren. [8]

Viel größer im Verhältnis zur Zahl der nichtjüdischen Bewohner war die jüdischen Gemeinschaft im benachbarten Dorf und heutigen Stadtteil Adelsberg: 63 Personen von 356 Einwohnern im Jahre 1880 waren jüdisch, während es 1925 noch 38 waren. Die Adelsberger Synagoge in der Adolphsbühlstr. 76, ursprünglich aus dem frühen achtzehnten Jahrhundert stammend und um 1850 durch ein neues Gotteshaus ersetzt, wurde von Nationalsozialisten am 10. November 1938 verwüstet.

6 Chancenlos in den Fängen der Gestapo (mainpost.de).

7 Oorlogsverhalen; Wim van de Wouw - YouTube (niederländisch).

8 Franz Holzemer beugte sich den Nazis nicht (mainpost.de).

1949 erhob das Landgericht Würzburg Anklage gegen die Pogromtäter von Gemünden, Adelsberg und Heßdorf. Gegen zwölf der 13 Angeklagten verhängte es Gefängnisstrafen zwischen drei Monaten und zwei Jahren. Die Täter gingen in Revision, „doch kam es nicht zu einer Berufungsverhandlung, sodass kein Angeklagter seine Strafe absitzen musste".[9]

1945 war Gemünden eine der am stärksten zerstörten Gemeinden in Bayern. 65 Prozent der Bausubstanz waren zunichte. Wie kam es dazu? Gemünden galt der Wehrmacht aus geografischen und verkehrstechnischen Gründen als strategisch wichtig und wurde nicht übergeben. Zunächst beschossen die US-Amerikaner die Bahnlinien. Jagdbomber griffen am 15. Oktober 1944 den Bahnhof des Verkehrsknotenpunkts an. Seit Neujahr war fast täglich Luftalarm, denn alliierte Bomber überquerten die Gemündener Gegend Richtung Schweinfurt, Sachsen und Böhmen. Im März 1945 waren fünf weitere Angriffe auf das Bahnhofsgebiet mit mehreren zivilen Toten zu verzeichnen. Am 26. März kamen 65 Menschen ums Leben, davon 41 durch den Einsturz des Luftschutzstollens nahe dem Amtsgericht (heute: Grundbuchamt, Bahnhofstr. 13), der in den Berghang getrieben worden war.

Bei der Eroberung durch die Amerikaner am 4. und 5. April 1945 verstarben 29 Zivilisten (größtenteils im „Schulstollen" erstickt) und fünf Soldaten durch Artilleriebeschuss, Jagdbomber- und v.a. Panzerangriffe im Zentrum und im Stadtteil Wernfeld.[10] „Von 410 Wohngebäuden waren 179 völlig vernichtet, viele andere teilweise. (…) Furchtbare 147 Einträge weist das Sterberegister für die Zeit vom 24. März bis zum 8. April auf – darunter Kinder und ganze Familien".[11] Dem Brand fielen die zahlreichen Fachwerkhäuser, das Renaissance-Rathaus und nicht zuletzt das Stadtarchiv zum Opfer. Die geschändete Synagoge wurde beim Bombenangriff 1945 endgültig zerstört. Wie das alte Gemünden aussah, lässt sich anhand eines Stadtmodells im Nebengebäude des Huttenschlosses erkennen.

In den Nachkriegsjahren transportierte eine Trümmerbahn den Schutt beiseite, wie in den bombardierten Großstädten. Der Wiederaufbau verzich-

---

9 Die Synagoge in Gemünden am Main (Main-Spessart-Kreis) (alemannia-judaica.de).

10 Gemünden am Main - Wiederaufbauatlas: Haus der Bayerischen Geschichte (bavariathek.bayern) (mit Bildern).

11 Kohlhepp, Björn. Stunde Null: Als Gemünden starb. Main-Post, 25.3.2015. Online: Stunde Null: Als Gemünden starb (mainpost.de)

tete in großen Teilen auf originalgetreue Wiederherstellung insbesondere der Fachwerkbauten. Immerhin konnte Bürgermeister Büchner Ende des Jahres 1954 feststellen, der Aufbau sei im wesentlichen „bewältigt". Neue Straßenführungen (Scherenbergstr.!) und zusammengelegte Grundstücke veränderten den Stadtkern stark. Dennoch verweisen heute die Stadtmauer und die spitzgiebeligen Formen der neuen Häuser rund um den Marktplatz auf das mittelalterlich-frühneuzeitliche Städtchen, so dass von einem gelungenen Aufbau gesprochen werden kann.

Dieser Eindruck ist darüber hinaus der Altstadtsanierung ab den 1980er Jahren zu verdanken. Fußgängerzonen, Biberschwanzdächer, einheitliche Pflasterung, Brunnen und die Restaurierung der freigelegten und damit auch sichtbaren Stadtmauer erhöhten die Attraktivität des Stadtbilds.

Für die Infrastruktur Unterfrankens spielte Gemünden eine erhebliche, nachhaltige Rolle als größter nordwestbayerischer Streckenknoten mit eigenem Bahnbetriebswerk und mehr als 1.200 Bahn-Beschäftigten (1964).[12]

Im Zuge der Gebietsreform in den Jahren 1971 und 1972 kamen die kleinen Dörfer Adelsberg, Aschenroth, Harrbach, Hofstetten, Massenbuch, Reichenbuch, Schaippach und Seifriedsburg zu Gemünden, zugleich endete nach 110 Jahren der gleichnamige Landkreis. Seitdem gehören Gemünden und das untere Saaletal zum Kreis Main-Spessart mit Sitz in Karlstadt. Im Jahre 1976 wurde Wernfeld, zwei Jahre danach das etwas größere Langenprozelten eingemeindet.

Am 30. September 2021 lebten im gesamten Stadtgebiet mit seinen 15 Stadtteilen 10.034 Menschen, davon knapp die Hälfte in der eigentlichen Kerngemeinde Gemünden.[13]

12 Vgl. Stadt Gemünden a.Main (stadt-gemuenden.de).

13 Vgl. Blick in die Statistik: Gemündens Einwohnerzahl ist wieder fünfstellig (mainpost.de).

3
WALLFAHRTS-KLOSTER SCHÖNAU

S.
VICTO
RIVS M

3. Wallfahrtskloster Schönau

Das Kloster Schönau[14] im Nordosten des Spessarts verfügt wohl nicht über einen überregionalen Bekanntheitsgrad. Eine kurze Vorstellung gibt jedoch Aufschluss über eine Klostergeschichte, die auch für andere Ordenshäuser zumindest in Franken typisch ist. Schönau liegt an der Fränkischen Saale drei Kilometer nördlich von Gemünden. Die dünn besiedelte Gegend wirkt idyllisch und lädt zum Wandern und Entspannen ein.

1189 als Zisterzienserinnenkloster gegründet, wurde das Ordenshaus im Bauernkrieg und im Zweiten Markgrafenkrieg[15] zerstört, 1564 aufgegeben und an den Würzburger Fürstbischof übertragen. 1699 beauftragte das Bistum den Altarbauer Kilian Stauffer, einen Franziskaner-Minoriten, mit Wiederaufbau und Neubesiedlung des Klosters. Er brachte zwei weitere Ordensbrüder an die Saale. Ihm, einem gebürtigen Schweizer, ist die einheitliche Stuckmarmorierung, der prächtige Hochalter und das Gestühl im Mönchschor zu verdanken, während der unterfränkische Maler Georg Sebastian Urlaub aus Thüngersheim bei Würzburg die 14 Figuren des Kreuzwegs und die Altarbilder schuf.

Im Jahre 1704 erwarb das Kloster außergewöhnliche Reliquien: die Gebeine zweier früher Christen namens Victor und Antonin, die aus den Katakomben Roms entnommen wurden. Sie sind an den beiden Seitenaltären beigesetzt. An ihrem Gedenktag, dem 15./16. Juli, finden hier Wallfahrten statt.

Einschneidend wirkte der Einmarsch französischer Truppen in den Revolutionskriegen 1796; schwere Plünderungen folgten. Die Säkularisation im Jahre 1802 ließ keine weiteren Eintritte in das fortan dem Staat unterstellte Kloster mehr zu, lediglich die bisher wirkenden Mönche durften bleiben. Bayerns König Ludwig I., der Tradition aufgeschlossen, gestattete 1843 die Wiederbesiedlung. Bis zu diesem Zeitpunkt war nur noch ein einziger Pater, Totnan Schech, in Schönau übrig geblieben.

---

14 Ausführlich: P. Bernward Bauer. Kloster Schönau. Im Wandel der Zeitgeschichte von 1699 bis zum Jahr 1983, II. Teil. Eigenverlag.

15 Der Zweite Markgrafenkrieg war der Versuch des protestantischen Markgrafen Albrecht II. Alcibiades von Brandenburg-Kulmbach, in den Jahren 1552 bis 1555 ganz Franken unter seiner Herrschaft zu vereinigen. Dabei war unter anderem das Hochstift Würzburg sein Gegner. Albrecht verlor, wurde geächtet und verstarb 1557.

vorherige Seite: *Kloster Schönau, außen*

Klosterkirche Schönau, innen

Bei den sehr heftigen Kämpfen unmittelbar vor Kriegsende 1945 schlugen amerikanische Granaten in die Mauern der Klosterkirche ein, ohne größere Schäden anzurichten. Der schlechte bauliche Zustand der Klostergebäude machte in den frühen 1970er Jahren einen Um- oder Neubau nötig. Das Landesamt für Denkmalpflege maß „der Erhaltung der alten Klostergebäude – mit Ausnahme des alten Getränkekellers im bisherigen westlichen Erdgeschoss – und den Gebäuderesten aus der Zeit der Zisterzienserinnen, keine Bedeutung zu".[16] Allerdings waren Auflagen (steil aufsteigendes Satteldach u.a.) zu erfüllen. Im Jahre 1976 errichtete der Orden ein neues dreiflügeliges Konventhaus.

Im Jahre 2023 leben fünf Franziskaner-Minoriten-Fratres in Schönau. Sie betreuen die Klosterkirche und das Seniorenzentrum in Gemünden, außerdem helfen sie in den umliegenden Pfarreien aus.

Der Förderverein Kloster und Wallfahrtskirche Schönau e.V. setzt sich seit 2013 für den Erhalt der Klosteranlage[17] ein.

Im ehemaligen Backhaus befindet sich seit 2020 die kleinste und zugleich neueste Klosterbrauerei Deutschlands. Die Ordensbrüder brauen für den Eigenbedarf. Ferner kommen die Gäste der Begegnung im Klostergarten (Freitag abends im Sommer 2023) in den Genuss des Gerstensafts.

16 Bauer, P. Bernward. Kloster Schönau. Im Wandel der Zeitgeschichte von 1699 bis zum Jahr 1983, II. Teil. Eigenverlag, S. 39.

17 Vgl. Stadt Gemünden a.Main (stadt-gemuenden.de).

4 NATURSCHUTZ-GEBIET RUINE HOMBURG

4. Naturschutzgebiet und Ruine Homburg

Zugegeben, diese Ruine liegt ein paar Kilometer abseits der Fränkischen Saale, aber sie ist über Gemünden und Gössenheim leicht zu erreichen und lohnt auf jeden Fall einen Besuch.

Und um einer weiteren Frage zuvorzukommen: Nein, diese Burgruine hat nichts mit der hessischen Stadt Bad Homburg vor der Höhe zu tun. Der Name ist abgeleitet vom Namen des ersten urkundlich erwähnten Burgherrn Dietrich von Hohenberg, einem Ministerialen des Hochstifts Würzburg (1170), und seiner Dynastie. Die Burg wurde mehrfach erweitert, insbesondere 1235 (Vorburg mit Zwinger). 1496 kaufte das Hochstift Würzburg in Person von Rudolf II. von Scherenburg die Burg. Von da an residierte dort ein Würzburger Amtmann. Den Bauernkrieg im Jahre 1525 überstand sie schadlos, im Gegensatz zu vielen anderen Burgen im heutigen Unterfranken. Ein Brand zerstörte 1680 das Herrenhaus, anschließend verfiel die Anlage mehr und mehr. Sie gilt als die zweitgrößte Burgruine Deutschlands (nach der Festung Hohentwiel bei Singen) und ist frei zugänglich.

Wer sein Auto auf dem Parkplatz unweit der alten Mauern abstellt, bemerkt ein außergewöhnlich karges Steppenheidegebiet in der Umgebung.

Naturschutzgebiet mit seltenen Pflanzen

vorherige Seite: *Nahe Ruine Homburg*

Burgruine Homburg

Es ist seit 1986 als Naturschutzgebiet ausgewiesen, zunächst auf 90, seit der Jahrtausendwende auf 613 Hektar. Hier leben 839 Pflanzengattungen, davon 588 Gefäßpflanzen, von denen 136 auf der Roten Liste der gefährdeten Pflanzenarten stehen. Beispielsweise gedeihen seltene Orchideenarten wie das Helmknabenkraut, hier finden sich Küchenschelle und Steppenwolfsmilch ebenso wie der Blaugrüne Faserschirm und das Apenninen-Sonnenröschen. In einem trocken-warmen Klima und auf wasserdurchlässigen Muschelkalk finden sie ideale Bedingungen. Biologen sprechen vom Faserschirm-Erdseggen-Trockenrasen, der weltweit nur hier, im mittleren Maintal und an der unteren Werrn wenige Kilometer weiter südlich vorkommt.

Burgruine Homburg

Von 134 Flechtenarten – gelbliche, rötliche und graue Flecken auf dem Boden – gelten 55 als gefährdet. Fünf der sechs hier lebenden Ameisenarten stehen auf der Roten Liste, ebenso alle sechs vorkommende Fledermausarten.[18] Mopsfledermäuse nutzen die Burgkeller als Winterschlafquartier, auch Breitflügel- und Zwergfledermäuse werden hier registriert. Sehr viel wahrscheinlicher als der Anblick dieser seltenen Spezies sind menschliche Segler am Himmel: Drachenflieger. Sie nutzen bei passender Thermik den steil abfallenden Hügel, von dem sich ein weiter Blick nach Süden und Westen bietet.

18 Vgl. An der Homburg wächst eine einzigartige Gesellschaft (mainpost.de).

5
HÖLLRICH

5. Höllrich

Das Dorf an der B 27 mit seinen rund 430 Einwohnern ist ein Ortsteil von Karsbach. Im Jahre 1189 wurde es erstmals erwähnt.

Beim Schloss handelt sich ein dreiflügeliges Renaissance-Bauwerk aus den Jahren 1561 bis 1565. Dreiflügelanlagen waren, so der Denkmalpfleger Ulrich Kahle, seinerzeit eine Ausnahme. Bauherr der zweigeschossigen Anlage mit den beiden runden Ecktürmen und dem längst ausgetrockneten Wassergraben war Veit von Thüngen. Um 1720/24 wurde der Westflügel im barocken Stil umgebaut. Dennoch hebt die kunsthistorischen Würdigung des Bayerischen Landesamts für Denkmalpflege zu Recht hervor, das Schloss Höllrich gehöre „zu den frühesten Schlossanlagen der Deutschen Renaissance in Franken, wie in Bayern überhaupt, die noch wesentlich original erhalten sind", denn andere frühe Renaissance-Anlagen seien „praktisch ausnahmslos" in späterer Zeit umgestaltet worden.

Seit Langem war die 6.000 Quadratmeter messende Anlage schon im Verfall begriffen, so dass um 1961 sogar ein Abriss geplant war. Nach 1962 stand das Schloss leer. 1977 wies das Landratsamt Main-Spessart auf die „teilweise akute Einsturzgefahr" hin. Nach 1980 brach das Dach des Ostflügels ein. Sicherungs- und Sanierungsarbeiten begannen im Jahre 1985, hielten sich aber unter dem früheren Besitzer angesichts ihres Umfangs in Grenzen.

Zu einer entschiedenen Wende kam es 1995, als Hans Herr aus dem Nachbarort Heßdorf das Schloss kaufte und einen Teil aus eigenen Mitteln mit erheblichem persönlichen Einsatz renovierte. Hier befinden sich neben der Wohnung des Eigentümers eine Ferienwohnung mit einem 35 Quadratmeter fassende Schlafzimmer, einer Küche und ein kleines Bad. Der Vermieter beschreibt die Unterkunft wie folgt: „Sie wohnen in einem Zimmer mit Kreuzgewölbe aus dem sechzehnten Jahrhundert und zwei sehr schön verzierte Steinsäulen werden über Sie wachen. Im Gang zur Dusche sehen Sie noch unrestaurierte Wandgemälde aus dem sechzehnten Jahrhundert. Der neu angefertigte Eichendielenboden verleiht dem Raum ein angenehm warmes Flair. Der Blick geht auf den Innenhof und den Schlossgraben hinaus. Ein Kleiderschrank ist in die 1,30 Meter dicke Steinmauer eingelassen".[19]

19 Wohnen auf Schloss Höllrich - Schlösser zur Miete in Karsbach, Bayern, Deutschland – Airbnb.

vorherige Seite: *Stukkaturen*

Gäste sind wegen des Ambientes und der Betreuung durch den Gastgeber voll des Lobes, wie aus einschlägigen Seiten wie airbnb.de hervorgeht.

Am besten vom alten Interieur ist die Höllricher Stube erhalten, die im späten neunzehnten Jahrhundert an das Kunstgewerbemuseum Berlin verkauft wurde und seit 2008 im Museum zu Köpenick besichtigt werden kann. Die Vertäfelung von 44 Quadratmeter Fläche, die viele verschiedene Hölzer beinhaltet, ist zwischen 2002 und 2005 aufwendig restauriert worden.

Kunsthistorisch wertvoll sind die Stukkaturen, die Ulrich Kahle (Landesdenkmalamt) im Jahre 1985 als einziges Beispiel für Modellstuck aus der Renaissancezeit einstuft. Stuckarbeiten und Wandgemälde waren Gegenstand zweier Diplomarbeiten aus den Jahren 2000 und 2003.[20]

Wandmalerei

Zu den Eigenheiten, die von außen nicht sichtbar sind, gehört der idyllische Garten im Innenhof. Das Schlossgrundstück bietet damit noch weit mehr:

20 Lochner, Stefan. Die Renaissancemalerei im Schloss Höllrich. Untersuchung, Technologie und Konservierung einer bemalten Fachwerkwand. FH Köln 2000; Schreiber, Luise: Deutsche Stuckarbeiten der Renaissancezeit. Dresden 2003.

Es ist Schauplatz von Kulturveranstaltungen wie den Höllricher Kunsttagen, Musikabenden und Literaturlesungen.

Ich wollte das Schloss einmal von innen sehen und Näheres aus erster Hand erfahren. Ein Termin war schnell vereinbart. Wie „zugewachsen" doch das Monument im Sommer ist, das ich besser an einem Wintertag fotografiert hätte... Hans Herr öffnet das hölzerne Tor zum Schloss. Wir setzen uns an einem sonnigen Vormittag Ende Mai 2022 in den Innenhof.

Blick auf den bewohnten Flügel

Stefan Winckler: Was ist das Besondere an diesem Schloss? Sie hatten es schon am Telefon gesagt: halb Ruine, halb restauriertes Schloss.

Hans Herr: Es ist ja auch etwas, was die Gäste so überrascht: Wen es interessiert, dem kann ich Stuck zeigen, der nur noch einmal in Deutschland existiert. Dazu gibt es auch eine kulturhistorische Würdigung vom Denkmalamt, die mir vorliegt und ich gebe sie auch gerne an den weiter, der Interesse hat. Das sagen auch viele Gäste: auf der einen Seite totale Ruine, auf der anderen Seite kann man hier wohnen. Sonst ist es ja entweder Ruine oder Schloss, nicht zu besuchen.

SW: Wie war der Zustand des Schlosses, als Sie es 1995 kauften?

HH: Eine komplette Ruine. Keine Fenster, kein Strom, kein Kanal, kein Wasser. Und viele große Löcher. Der Schlossgraben, hier vor dem Eingang, diente als Müllabladeplatz.

SW: Was hat Sie an dem Bauwerk am meisten fasziniert?

HH: Einmal die Erinnerungen aus der Kindheit, weil wir als Kinder hier oft gespielt haben. Als ich es mir das erste Mal näher angeschaut habe, obwohl es eine Ruine war, hatte ich es schon „fertig" vor meinem inneren Auge. Insofern hatte ich auch keine Angst, das Projekt anzugehen.

SW: Da braucht man eine große unternehmerische Energie. Die ist manchen gegeben, und manchen fremd.

HH: Ja

SW: Wer war der vorherige Besitzer?

HH: Die Adelsfamilie von Thüngen.

SW: Sie ist aus der fränkischen Regionalgeschichte bekannt. Seit wann existiert die Ferienwohnung?

HH: Sie ist jetzt im fünften Jahr. Und wir kamen durch Zufall auf die Idee. Wir waren in Amerika, und erfuhren, da gibt es AirBnb, und uns war klar, das machen wir auch. Wir haben ein Zimmer eingerichtet, und das hat großen Anklang gefunden, auch weiterhin. Es ist ganz gut gebucht.

SW: Wie sieht es mit einer weiteren Renovierung von Räumlichkeiten aus?

HH: Dazu fehlen uns die Mittel, ganz einfach.

SW: Hilft da die Stiftung Denkmalschutz oder die öffentliche Hand?

HH: Nein. Die öffentliche Hand ist da sehr zurückhaltend,. Es gibt kleine Unterstützungen. Im letzten Jahr z.B. waren auf den Süddach mehrere Schieferplatten gebrochen, die konnte man von außen reparieren. Da wurde ein großes Gerüst aufgestellt, ein Turm wurde eingerüstet. Allein das hat siebeneinhalbtausend Euro gekostet. Da haben wir einen Zuschuss bekommen. Und die eigentliche Reparatur haben wir dann selbst gemacht, mit Unterstützung von Firmen, aber sonst gibt es keine Unterstützung.

SW: Herr Herr, ich bedanke mich für das aufschlussreiche und offene Gespräch.

Ferienwohnung – Teilansicht

6
GRÄFENDORF

6. Gräfendorf

Marienstatue in der Brunnenstraße

Wir verlassen die B27 und kommen über die kleinen Dörfer Weyersfeld und Seifriedsburg auf die Staatsstraße 2302 zurück. Kurz vor der Einfahrt in den Gräfendorfer Ortsteil Wolfsmünster blickt ein steinerner St. Johann von Nepomuk von einer schmalen, dreibogigen Brücke aus dem achtzehnten Jahrhundert saaleabwärts nach Süden (Brunnenstr.). Wir werden ihm im Saaletal öfter begegnen, denn es ist eine traditionell katholische Gegend mit vielen Kreuzen, Bildstöcken und auch einer Marienstatue (spätes achtzehntes Jahrhundert). Darüber hinaus befindet sich in Wolfsmünster ein ehemaliges Renaissance-Schloss der Freiherren von Thüngen aus dem Jahre 1584, das sich seit 1912 im Besitz der Stadt Frankfurt befindet. Die Main-Metropole unterhielt dort bis 1974 ein Kinderheim. Das Schloss steht zum Verkauf.

Hier siedelte sich im Jahre 802 der Fuldaer Abt Baugulf (auch: Baugolf) nach seinem Rücktritt als Eremit an. Aus „Baugulf" wurde allmählich der Name Wolf, womit die Bezeichnung des Ortes erklärt ist. Die Pfarrkirche von Wolfsmünster mit ihrem Dachgebälk bietet der Großen Mausohr eine Heimat. Im Juli 2021 wurden immerhin 300 Exemplare dieser größten heimischen Fledermausart gezählt. Die feuchte, kühle Witterung beeinträchtigte die Zahl gegenüber früheren Erhebungen. Eine weitere Kolonie lebt in der Scherenburg.

Kurz vor dem Ortseingang zur Kerngemeinde Gräfendorf befindet sich auf der linken Seite das Fischgut Seewiese mit seinen 28 Naturteichen (von denen zwölf bestückt sind). Dabei handelt es sich um die älteste Fischzucht-

vorherige Seite: *Brückenheiliger über der Saale*

Schloss Wolfsmünster

anstalt Deutschlands. Im Jahre 1882 gegründet, konnte sie bereits zur Kaiserzeit einige Preise für ihre Forellen entgegennehmen, auch auf internationalen Wettbewerben in London und Wien.[1]

Der kleine Wasserfall Trettstein war insbesondere in der Corona-Zeit ein Besuchermagnet, da sich viele Menschen angesichts der Reisebeschränkungen vermehrt den Sehenswürdigkeiten der näheren Umgebung zuwandten.

Weiter geht es durch die kleinen Gräfendorfer Ortsteile Schonderfeld und Michelau, stets parallel zur Saale.

Die Reichsautobahn „Strecke 46" Bad Hersfeld-Fulda-Würzburg, 1937 begonnen, sollte ursprünglich bei Gräfendorf das Saaletal überqueren. Davon zeugt als wuchtiger und damit markantester Rest ein Brückenpfeiler nahe Schonderfeld. Der frei stehende Betonblock, 23,40 Meter breit und dreieinhalb Meter dick, ist mit Buntsandstein verkleidet und ragt knapp 17 Meter in die Höhe. Einen neuen Zweck hat dieser Monolith namens „Bauwerk 144" als Kletterwand mit verschiedenen Schwierigkeitsgraden für die Mitglieder des Deutschen Alpenvereins e.V. gefunden.

1 Das Fischgut Seewiese (fischgut-seewiese.de).

Trettstein-Wasserfall, ca. ein Kilometer nördlich von Gröfendorf

Barockes Sandstein-Kreuz von 1733 in Michelau

Überreste des Autobahnbaus: Brückenpfeiler

Das Baumaterial kam seinerzeit am Bahnhof Gräfendorf an. Über 4.500 Bauarbeiter waren an der Strecke beschäftigt. Die Planer beabsichtigten, den Autofahrern möglichst oft einen Blick auf die reizvolle Landschaft und auf Bauwerke wie die Burgruine Homburg zu ermöglichen. Dieses Fernstraßenprojekt wurde mit Kriegsbeginn 1939 eingestellt. Was die amerikanische Armee und die Anwohner in der Nachkriegszeit nicht mitnahmen, eroberte sich allmählich der Wald zurück. Wegen der Steigung und der vielen Kurven nahm die Bundesrepublik von einem erneuten Ausbau Abstand. Anstelle der Strecke 46 führt die Autobahn A7 weiter östlich vom Main ins Fuldatal, wobei sie die Saale bei Elfershausen kreuzt.

Schneelandschaft nahe Weickersgrüben

Die Strecke 46 steht in ihrem ganzen Ausmaß mit all ihren Bauwerken in Bayern unter Denkmalschutz – europaweit ist dies einmalig. Sie ist das längste Denkmal des Freistaates. Ausführlich beschriftete Informationstafeln und Wegweiser erleichtern die Orientierung beim Wandern.

Weitere Informationen bietet das Buch „Strecke 46. Die vergessene Autobahn" von Dieter Stockmann (Arbeitsgemeinschaft Autobahngeschichte AGAB e. V.), mittlerweile in der vierten Auflage. Stockmann, ein Beamter im Karlstädter Landratsamt, bietet mehrmals im Jahr Führungen über einzelne Abschnitte an (Motto: „Mit dem Wanderstock über die Autobahn")[2]

2 Website über die Strecke 46: Strecke 46 - www.main-spessart.de (recon-cms.de); Marcus Müller: Die vergessene Reichsautobahn, in: Der Spiegel, 14.7.2006, online: Bad Hersfeld - Würzburg: Die vergessene Reichsautobahn - DER SPIEGEL Sven Felix Kellerhof: Was aus Hitlers Autobahn durch den Spessart wurde. In: Die Welt, 15.11.2019, online: Autobahn: Was aus Hitlers „Strecke 46" durch den Spessart wurde – WELT.

7
HAMMELBURG

7. **Hammelburg** (Dialekt: Hammelburch)

Die Saaleck

Unmittelbar vor Hammelburg grüßt von einem Hügel auf der rechten, südlichen Seite der Bundesstraße weithin sichtbar ein burgähnliches Schloss: Saaleck.

Eine frühe Erwähnung ist aus dem Jahre 1030 überliefert, doch soll schon in vorgeschichtlicher Zeit eine Befestigung und um 800 eine Kapelle erbaut worden sein. Ab dem Mittelalter war sie Sitz der Amtmänner und Centgrafen in Fuldaer Diensten. Ihre Bedeutung stieg, als die Äbte Markward (1150 bis 1165) und Heinrich von Erthal (1249 bis 1261) die Burg zur Sicherung der Fuldaer Herrschaft weiter ausbauten.

Von der mittelalterlichen Bausubstanz hat alleine der 22 Meter hohe Bergfried den Bauernkrieg überlebt.

Schon im Jahre 1298 erwähnte eine Urkunde das Weingut des Schlosses, seinerzeit als Besitz des Abtes zu Fulda. Damit ist dieses Weingut das zweitälteste in Bayern. Die Lage unterhalb der Saaleck heißt heute „Hammelburger Schlossberg“, die Weine zeichnen sich durch einen mineralisch-kräftigen Geschmack aus. Vom Weingut Saaleck kam der Messwein (ein Silvaner) für den

vorherige Seite: *Blick über Hammelburg und die umliegende Saalelandschaft flussaufwärts bis zur Trimburg*

20. Weltjugendtag der Katholischen Kirche August 2005 in Köln, an dem der neue Papst Benedikt XVI. zusammen mit mehr als einer Million Gläubigen teilnahm.

Nach der Zerstörung im Bauernkrieg ließ Valentin von Sintzig zwischen 1644 und 1667 die Saaleck als Altersruhesitz neu aufbauen. Er war designierter Koadjutor (Vertreter des Fürstabts mit Recht auf dessen Nachfolge) von Fulda.

Schloss Saaleck war in den vergangenen Jahrzehnten als sehr renommiertes Restaurant und als Drei-Sterne-Hotel mit 13 Doppelzimmern und einem Einzelzimmer eine feine, weithin geschätzte Adresse. Im November 2021 zog sich Chefkoch und Restaurant-Pächter Ewald Hupp nach 30 Jahren aus gesundheitlichen Gründen zurück. Die künftige Nutzung ist noch offen. Das Weingut Schloss Saaleck besteht weiter, die Vinothek befindet im Rathaus.

Im Juli 2022 setzte die Laienspielgruppe Spectaculum aus Hammelburg ihre Aufführungen nach der Corona-Pause wieder fort. Auf der Freiluftbühne der Saaleck präsentierte sie an zwei Wochenenden im Sommer 2023 die Komödie „Ein Käfig voller Narren". Die Theatergruppe entstand im Jahre 1988, sie spielt literarische Klassiker und moderne Stücke.

Unterhalb von Schloss Saaleck liegt die Bayerische Musikakademie Hammelburg. Heute gibt es 23 Bundes- und Landesmusikakademien – jene in Hammelburg war die erste: Sie wurde 1980 gegründet und ist eine der drei bayerischen Landesmusikakademien. Hier können sich Musikpädagogen, z.B. Grundschullehrkräfte, und fortgeschrittene Laien weiterbilden.

Unmittelbar neben der Musikakademie befindet sich das ehemalige Kloster Altstadt. Es war ein Ordenshaus der Franziskaner-Observaten, 1649 durch den Fuldaer Fürstabt Joachim von Gravenegg gegründet. Das Kirchengebäude datiert aus dem Jahre 1700. Die Klostertradition endete im Jahre 2014: Es mangelte an Novizen. Seitdem wird die Anlage von der Musikakademie genutzt.

Die umfangreichen Buchbestände des Klosters von 7.000 Bänden befinden sich heute in der Diözesanbibliothek in Würzburg. Von Plünderungen und Zerstörungen blieb sie verschont.

Der Kreuzweg um das Kloster mit seinen 14 Stationen stammt aus dem Jahre 1733. Er hat eine Länge von einem Kilometer. Eine vollständige Restaurierung erfolgte in der Zeit von 1993 bis 1996.

Die Musikakademie

Kloster Altstadt unter der Saaleck

Kreuzweg, 2. Station

An der Staatsstraße 2294, die zum Lager Hammelburg hinauf führt, zweigt rechts ein Weg ab zur Wallfahrtskapelle Maria Steinthal. Sie wurde zwischen 1739 und 1742 errichtet. Die kleine Kirche ist traditionelles Ziel von Bitt- und Dankprozessionen aus Hammelburg und Umgebung.

Stadtrundgang

Wer von Gemünden aus nach Hammelburg (11.055 Einwohner mit Hauptwohnsitz, einschließlich der Stadtteile[1]) kommt, findet eine günstige Parkgelegenheit am Eingang zur Stadt, Weihertorstraße (linke Abzweigung) und Bleichrasen (rechts) vor. Am Bleichrasen unterhalb des Roten Schlosses bietet sich ein schöner Ausblick auf den etwa einen Kilometer entfernten Hügel mit Schloss Saaleck.

Bei dem nahe gelegenen Teich mit einer Fläche von 2.000 Quadratmetern handelt es sich um den Rentamtsweiher.

Hier leben Aale, Hechte, Rotfedern, Schleien, Spiegelkarpfen und Zander. Am häufigsten werden Rotaugen geangelt. Enten, Blässhühner und gele-

Auf dem Weg nach Maria Steinthal

Innenansicht der Kapelle

1 Im Landkreis Bad Kissingen: Die meisten Kommunen wachsen (mainpost.de)

Saalehochwasser

Rentamtsweiher

gentlich auch Schwäne kommen vor. Ein Fischteich war der Rentamtsweiher schon immer, angelegt für die feine Tafel der Fürstäbte und Fürstbischöfe. „Rentamt" bezeichnete seinerzeit die Finanzverwaltung.

Das vierflügeliges Kellereischloss geht auf Fürstabt Adolf von Dalberg zurück, der wohl bewusst am südlichen Rand des Fuldaer Territoriums, dicht an der Grenze zur Würzburger Herrschaft, mit einer Sommerresidenz Präsenz zeigen wollte: Präsenz gegenüber den Untertanen in der Stadt und gegenüber dem möglichen Gegner Würzburg. Das Schloss wurde zwischen 1726 und 1731 unter Leitung des Fuldaer Hofarchitekten Andrea Gallasini errichtet. Den Namen hat es von seinen Kellern, in denen der Wein für das Fuldaer Land lagerte. Die Gewölbe bieten Platz für Fässer mit einem Fassungsvermögen von insgesamt 700.000 Liter! Auch die Bezeichnung „Rotes Schloss" ist geläufig, denn es ist aus rotem Sandstein gebaut. Buntsandstein ist eigentlich typisch für den bayerischen Untermain, nicht für das Saaletal. Eine witzige Legende besagt, Gallasini habe seinerzeit vergeblich nach einem entsprechenden Steinbruch gesucht. Da sei ihm plötzlich ein Fremder entgegen geritten, von Kopf bis Fuß schwarz gekleidet. Wenn ihm Gallasini drei Räume im künftigen Schloss überlasse, in denen er die Menschen nach Herzenslust quälen könne, dann werde er ihn zu einem passenden Steinbruch in der Nähe führen. Der Architekt verwies den Unheimlichen an den Abt in Fulda, doch sein Gegenüber scheute ein Treffen: Es handelte sich bei ihm um niemand anderen als den Teufel persönlich, der als Fürst der Finsternis nie und nimmer mit einem Kirchenfürsten paktieren konnte. So kam Gallasini selbst mit Beelzebub überein, und dieser geleitete ihn zu einem Sandsteinvorkommen am nahegelegenen Seeberg. Als schließlich alle Räume im Schloss hergerichtet waren, bezogen Finanz- und Wohnungsamt die Zimmer Satans[2] (das Wohnungsamt war in der Nachkriegszeit unbeliebt, weil es Flüchtlinge in vorhandene Wohnungen „verteilte").

Der verheerende Stadtbrand von 1854 beschädigte auch das Kellereischloss.

Ein Luftangriff am 4. April 1945 zerstörte einen Treppenturm und ein Portal im Renaissance-Stil. Die Schäden konnten bereits im Mai/Juni des gleichen Jahres ausgebessert werden, freilich in schlichter Ausführung. In den

2 Vgl. Lisiecki, Josef. Sagen und Legenden aus dem Landkreis Bad Kissingen. Zeitlofs 1982. 93f.

Blaue Stunde am Kellereischloss

Adventsstimmung an Schloss und Weiher

Jahren 1975 bis 1977 wurde das Schloss entkernt, um die Innenräume zu modernisieren.

Mehr als 250 Jahre nach Gallasini ist das Schloss Sitz der Winzergenossenschaft, der Polizei, des Stadtarchivs und der Stadtbibliothek mit lauter freundlichen Menschen.

Die spätgotische Stadtpfarrkirche St. Johannes der Täufer liegt nahe dem Marktplatz und dem Kellereischloss. Auffallend ist der nicht wie gewöhnlich vorne, sondern seitlich an das Langhaus anschließende Kirchturm.

Bemerkenswert ist, dass die Kirche unter Pfarrer Oskar Röll nach Westen hin um nicht weniger als 16 Meter erweitert wurde. Dazu musste beispielsweise die Empore zerlegt und an der neuen Stelle wieder zusammengesetzt werden, während der spätgotische Charakter des Gotteshauses nicht beeinträchtigt werden durfte. Die Bauarbeiten, vom Bistum und durch den bayerischen Staat unterstützt, zogen sich über ein Jahr hin (1957/58). Das Landratsamt Hammelburg forderte eine Einstellung der Bauarbeiten, da angeblich eine baupolizeiliche Genehmigung nicht eingeholt worden war. Das Amtsgericht Hammelburg belangte Röll wegen angeblicher „Baugefährdung", doch die übergeordnete Staatsanwaltschaft Schweinfurt stellte sehr bald das Verfahren ein.

Der Platz vor der Kirche ist nach Pfarrer Oskar Röll benannt, der hier zwischen 1948 und 1984 wirkte. Sein Ansehen war enorm: Röll war Dekan, bischöflicher und päpstlicher Ehrenprälat sowie Hammelburger Ehrenbürger. Rölls Hobby war außergewöhnlich: Er drehte Filmdokumentationen der Ausflüge mit den Ministranten und sogar kleine Spielfilme nach eigenem Drehbuch (z.B. „Gangster auf Saaleck", 1970). Äußerlich eine hochgewachsene ehrfurchtgebietende Erscheinung mit weißem Haar, kräftiger Stimme und noch kräftigerem Lachen, prägte er Kapläne und Ministranten durch seine fachliche wie emotionale Ausstrahlung stark genug, um über Jahrzehnte im besten Sinne in ihrem Gedächtnis zu bleiben: Sie stellten zusammen mit dem gebürtigen Hammelburger Historiker Prof. Johannes Merz (seit 2022 apl. Prof. an der Ludwig-Maximilian-Universität München) im Jahre 2008 eine Gedenkschrift zum hundertsten Geburtstag zusammen. Oskar Röll, eine der bedeutendsten Priesterpersönlichkeiten an der Saale nach 1945, verstarb 2001 im Alter von 93 Jahren in Aschaffenburg.

Heilige Messen aus Hammelburg können als live-stream auf youtube

St. Johannes der Täufer

angeklickt werden. Der jetzige Pfarrer, Thomas Eschenbacher, ist weit über Hammelburg hinaus am 19. Februar 2023 (Fastnachtssonntag) aufgefallen, indem er seine Predigt als angedeuteten Rap in Versen vortrug – äußerlich den Hip-Hoppern mit blauer Kappe, blauen Brillengläsern und breiter Goldkette über dem Messgewand angenähert und an deren Vokabular angelehnt (Refrain: „Alle, die wir hier versammelt sind, dürfen uns begreifen als von Gott geliebtes Kind. Übersetzt auf Rappersprache: Check es einfach aus, der im Himmel oben ist für dich ganz fett gut drauf"). Die Absicht des ehemaligen Diözesan-Jugendpfarrers war es, auf die riesige Bandbreite der Kirche aufmerksam zu machen. Es folgte ein stehender Applaus der Gottesdienstbesucher. Die Messe wurde anschließend in den üblichen liturgischen Formen fortgesetzt. Die Ausstrahlung der Predigt auf Instagram wurde allein bis zum 8. März 2023 mehr als 1,3 Millionen mal aufgerufen. Regionalzeitungen wie die „Main-Post", aber auch Focus.de berichteten darüber. Zuschauerkritiken fielen gemischt aus – die Geschmäcker sind verschieden.

Eschenbacher, Jg. 1966, ist schon Jahre zuvor für seine Whisky-Exerzitien („Geistliche Impulse und fünf verschieden Sorten Whisky") bekannt geworden. Der Pfarrer: „Das Whisky-Trinken setzt eine Genusskultur voraus, die sich wunderbar ergänzt mit dem Gedanken, sich Zeit zu nehmen für seinen Glauben. Wie beim Whisky-Trinken erst gerochen und geschmeckt wird, um sich danach über die unterschiedlichen Qualitäten auszutauschen, ist auch bei den Exerzitien Zeit ein wichtiger Faktor, der dem Einzelnen helfen soll, seinem ganz persönlichen Glauben auf die Spur zu kommen. Die persönliche Begegnung mit Gott ist ein echtes Geschmackserlebnis".[3] Die „Bild"-Zeitung zitierte ihn im Jahre 2018, „Whisky-Trinken verlangsamt alles. Man kommt ins Reden. Wer einen Whisky in Ruhe genießen kann, nimmt sich auch Zeit für den Glauben."[4]

Die „Frankfurter Allgemeine", die „Süddeutsche Zeitung", der „Münchner Merkur" und etliche Regionalzeitungen nah und fern der Saale übernahmen den Beitrag der Deutschen Presse-Agentur über die jeweils dreistündigen geistlichen Gespräche beim Whisky, während die „Tagespost", domradio.de (Köln) und katholisch.de Interviews mit Pfarrer Eschenbacher veröffentlichten.

3 „Definitiv keine Schnapsidee" (bistum-wuerzburg.de).

4 Pfarrer aus Franken bietet Whisky-Exerzitien an, um über Gott zu reden | News | BILD.de.

Ein Weg entlang der alten Stadtmauer parallel zur Friedrich-Müller-Str. führt am Mönchsturm vorbei, dessen Spitze hin und wieder von Weißstörchen bewohnt wird. Eine Webcam überträgt das Geschehen im Storchennest. Die Adresse seit 2023: Storchennest auf dem Mönchsturm in Hammelburg (moenchsturm.de).

Als mittelalterliche Stadt war Hammelburg stark befestigt. Die Ummauerung mit einigen Türmen lässt sich auf die Mitte des dreizehnten Jahrhunderts datieren. Die drei Stadttore im Osten, Norden und Westen wurden nach dem Stadtbrand von 1854 abgerissen. Drei der ursprünglich elf Wehrtürme sind erhalten geblieben: der schlanke Baderturm, der imposante Hüterturm mit seinen Fachwerk-Obergeschossen, und der hohe Mönchsturm. Hüterturm und Baderturm befinden sich in der Straße Obere Stadtmauer. Der Hüterturm ist innen mit einer Treppe versehen und bietet einen lohnenden Ausblick über den Hammelburg.

Das eigentliche Zentrum ist – wen wundert es? – der nahezu quadratische Marktplatz mit einem Brunnen aus der frühen Renaissancezeit. Eiscafés laden hier im Sommer zum Verweilen ein. Nach Osten wird der Platz von der Volks- und Raiffeisenbank sowie dem Weingut/Weinhotel Müller abgeschlossen. Das Rathaus aus der Renaissance fiel 1854 dem Stadtbrand zum Opfer. Das jetzige Gebäude erinnert in seinem neugotischen Stil an die spätmittelalterliche Vergangenheit Hammelburgs.

Der unzerstörte Marktbrunnen stammt aus dem Jahre 1541, sein Baldachim von 1669. Der Architekt Johannes Schöner entwarf auch das alte, durch den Stadtbrand zerstörte Rathaus. Schöner (1477 bis 1547), auch Johannes Schonhard oder Schoner genannt, war Astronom, Astrologe, Kartograf, Drucker, Herausgeber wissenschaftlicher Schriften, Priester – ein echter Renaissance-Mensch aus Karlstadt.

Seit 1781 besteht die Einhorn-Apotheke am Marktplatz. Woher kommt der Name? Der Gründer der Apotheke, Balthasar Merz, nannte sein Wohnhaus „Zum Einhorn" und übernahm den Namen für die dortige Apotheke. In der Antike und dem Mittelalter war die Überzeugung verbreitet, Einhörner existierten tatsächlich, und aus ihren Körperteilen ließen sich Heilmittel herstellen.

Auf der rechten Seite des Apothekenhauses fällt eine Sonnenuhr auf. Zeiger und Ziffernblatt sind flankiert von Symbolen.

Mönchsturm

Marktbrunnen und Rathaus

An der Einhorn-Apotheke

In nördlicher Richtung erstreckt sich die Bahnhofstraße, die in den Jahren 2020 bis 2022 ausgebaut und neu gestaltet wurde. Seit dem 27. Februar 2023 sprudelt an der Einmündung von Wankel- und Dalbergstr. ein Brunnen: Den Künstlerwettbewerb gewann der Würzburger Matthias Braun mit einem Ring-Rohr, in dem Wasser zirkuliert und auf die Straße fließt. Das Objekt heißt „Kreislauf des Wassers".

Auf der rechten (östlichen) Seite, Ecke Josef-Schultheiß-Str., liegt ein historischer Gebäudekomplex: das Bürgerspital. Der Fuldaer Fürstabt Heinrich von Hohenberg schuf damit im Jahre 1343 ein Heim für alte Menschen. Die dazu gehörige Kirche St. Nikolaus und St. Magdalena entstand 1404. Der Stadtbrand von 1854 beschädigte die ganze Anlage sehr stark. Er zerstörte die Spitalkirche St. Nikolaus, die im neugotischen Stil wieder aufgebaut wurde. Zwischen 1862 und den frühen 1990er Jahren leiteten Schwestern vom Orden St. Maria Stern das Spital, das seitdem von der Stadt Hammelburg getragen wird. Nach der Schließung des Altersheims im Bürgerspital zum 31. Oktober 2021 fanden hier Flüchtlinge aus der Ukraine im Frühjahr 2022 ein Asyl.

Das Museum für Brot und Wein ist in einer barocken Wassermühle aus der Zeit um 1700 in der Turnhouter Str. 15 angesiedelt. Dieses Stadtmuseum in der renovierten Herrenmühle besteht seit 1991. Die Ausstellungsfläche beläuft sich auf 850 Quadratmeter. Wie dort einst das Getreide gemahlen wurde und um 1880 neue Maschinen die alten Anlagen ersetzten, zeigt ein Fernsehbeitrag mit der Museumsleiterin Elfriede Böck: www.tvmainfranken.de/mediathek/video/hockdichhi-die-tradition-der-muehlen/ (Juni 2021, zuletzt abgerufen am 1. Juni 2023).

Das Bayerische Landesamt für Denkmalpflege zählt 250 Baudenkmäler in Hammelburg.[5]

---

5 [5] Vgl. denkmalliste_merge_672127.pdf (bayern.de).

Goldenes Fabeltier

Bürgerspital

Saale mit Blick zur Saaleck, nahe Herrenmühle

Am Stadtmuseum

Freizeitgestaltung: Wanderwege und Sportzentrum

Ein Wanderweg mit schönem Blick auf die Stadt und das Tal verläuft auf dem Heroldsberg unmittelbar nördlich des Zentrums. Etwas weiter nordöstlich, am Ofenthaler Berg, bietet sich den rund 40 Mitgliedern des Drachenfliegerclubs Hammelburg die Gelegenheit, bei passendem Wetter hoch über dem Saaletal zu gleiten. Ebendort stehen seit dem Jahr 2000 vier „Geheimnisvolle Figuren“: realistisch gestaltete Skulpturen aus Beton, deren Schöpfer unbekannt geblieben ist (oder: geblieben sind). Eine weibliche Statue wird „Amalberga“ genannt, nach der Nichte von König Theoderich, die den Herzog Thüringens heiratete. Einige Meter weiter hat es sich der steinerne „Philosoph“ auf einer Bank gemütlich gemacht. Dessen Masse, samt Sitzgerät, beträgt knapp 600 Kilogramm. Durch wen und wie die Skulpturen auf dem schmalen Trampelpfad dorthin gelangten, verbleibt auch für die Kulturspezialisten der Stadt ein Rätsel (jedenfalls behaupten sie, es nicht zu wissen).

Wer den Naturpark Bayerische Rhön kennenlernen will, kann sich in Hammelburg auf den Abtsweg Richtung Fulda begeben.

Das Saaletalbad verfügt über ein Freibad mit großen Rasenflächen und ein Hallenbad mit Sauna. Die Anlage wurde 2012 renoviert.

Von Januar bis einschließlich Juni 2022 gab es laut Statistik der Stadt 13.434 Ankünfte und 24.579 Gästeübernachtungen. Im Vergleichszeitraum 2019, vor Corona, waren es 15.457 Ankünfte und 28.237 Übernachtungen.[6]

Hammelburger Geschichte(n)

Die Besiedlungsgeschichte Hammelburgs reicht bis in die Mittelsteinzeit zurück. Bestattungsplätze sind aus der späten Jungsteinzeit, der Hallstattzeit, der Urnenfelderzeit und der Bronzezeit nachgewiesen. Insbesondere befinden sich westlich des Stadtteils Diebach Richtung Morlesau 15 bis 20 Hügelgräber aus der Bronze- und Eisenzeit. Eine solche Erhebung, bis zu einem Meter hoch und fünf bis zwölf Meter im Durchmesser, bestand aus einer hölzernen Kammer für die sterblichen Überreste, geschützt und verstärkt durch

6 Vgl. Hammelburg: Warum die Leiterin der Tourist-Info geht (mainpost.de).

In den Weinbergen

Geheimnisvolle Figuren

Steine. Eines der Gräber soll ursprünglich sogar sieben Meter hoch gewesen und sich 40 Meter im Durchmesser erstreckt haben. Die Grabbeigaben wurden im späten neunzehnten Jahrhundert geborgen und befinden sich im Mainfränkischen Museum in Würzburg. Darüber gibt eine Informationstafel am Rhönwanderweg Nr. 5 Auskunft.

Es wird aus den Funden geschlossen, dass die Gegend schon vor tausenden von Jahren saisonal bewohnt war[7] („Freilandstationen"), lange bevor sich Menschen dauerhaft in Dörfern niederließen.

Kein Hammel stand Pate für die Namensgebung der ältesten Weinstadt Frankens – auch wenn die Stadt in ihren Imagebroschüren aus dem Jahre 2020 eine Schafherde abbildete. Vielmehr ist Hammelburg unter der

An den Hügelgräbern

7 denkmalliste_merge_672127.pdf (bayern.de) ; Karte: Der beste Routenplaner zum Radfahren, Wandern und Laufen | Komoot ; Diebach-online.de: Chronik.

Bezeichnung „hamulo castellum“ 716 erstmals erwähnt worden: Ein Mann namens Hamulo könnte der Stadtgründer gewesen sein, so Autor Philipp Josef Döll in seiner Stadtgeschichte Hammelburgs (1873). Auch das Adjektiv „hamala“ (steil) hat vielleicht den Ausschlag gegeben.

So alt wie Hammelburg selbst ist der Weinbau in dieser Stadt, denn mit der Christianisierung kam der Bedarf an Messwein. Um das Jahr 1000 existierten bereits acht Weinberge.

Entscheidend für die Hammelburger Stadtgeschichte war die über eintausend Jahre dauernde Zugehörigkeit zum Kloster bzw. zur späteren Fürstabtei Fulda: 777 bis 1802. Das Benediktinerkloster Fulda, rund 66 Straßenkilometer von Hammelburg entfernt, erhielt Hammelburg als Geschenk Karl des Großen am 7. Januar 777. Dies belegt die älteste Urkunde in den Staatlichen Archiven Bayerns (StA Würzburg). Aus dem Kloster wurde sehr frühzeitig eine Abtei, an deren Spitze ein Fürstabt, später ein Fürstbischof stand. Hammelburg war der südlichste Ort der geistlichen Herrschaft Fulda, im Rang eines Oberamts.

Ein Ereignis von überregionaler Bedeutung spielte sich 1530 in der Stadt ab. Der Hammelburger Vertrag regelte erstmals im Heiligen Römischen Reich das Zusammenleben von Katholiken und Lutheranern in einer Stadt: Erfurt. Vertragspartner waren als Landesherr Erfurts der Mainzer Kurfürst Erzbischof Albrecht von Brandenburg, und der Erfurter Stadtrat. Hammelburg war als neutraler Ort auf halbem Wege für die Verständigung beider Seiten ausgewählt worden. Die Hammelburger waren seinerzeit zum Luthertum übergetreten, Melanchthon predigte in der Stadt. Fulda duldete den Protestantismus, bis Fürstabt Balthasar von Dernbach nach 1570 eine Gegenreformation, sprich: Rekatholisierung, herbeiführte.

Hammelburg verfügte mit Fulda über einen sicheren Weinabsatzmarkt: „Im Jahr 1772 verbrauchte das Kloster Fulda innerhalb von 41 Tagen rund 3200 Liter Wein. Der Fürstabt Heinrich von Bibra (...) allein trank 120 Liter vom besten Tropfen – also 3 Liter Wein pro Tag! Allerdings war der Wein damals sehr dünn und trank sich wie Wasser. Heinrich von Bibra wurde stolze 72 Jahre alt!“[8]

8 Familie und Geschichte - Weingut Lange Schloss Saaleck, Hammelburg (weingut-schloss-saaleck.de).

Die Auflösung der geistlichen Fürstentümer 1802/03 führte für Hammelburg zunächst zu wechselnden Landesherren. Kurzzeitig stand die Stadt sogar unter französischer Verwaltung. 1810 gehörte sie zum Großherzogtum Frankfurt, das Karl Theodor von Dalberg meist von Aschaffenburg aus regierte.

1816 kam Hammelburg, wie das gesamte Saaletal, zum Königreich Bayern. Der Verlust der Handelsbeziehungen zu Fulda, insbesondere der dadurch zurückgegangene Weinabsatz, belastete Hammelburg erheblich: Dem hiesige Weinbau fiel es schwer, mit den Gewächsen aus dem Würzburger Raum zu konkurrieren.

Die Revolution von 1848/49, die sich in vielen, auch kleineren Orten Unterfrankens nachweisen lässt, machte sich an der Saale bemerkbar. Der auf Veränderung bedachte Teil der politischen Öffentlichkeit versammelte sich in den Märzvereinen, während sich die Konservativen in den Piusvereinen um die Geistlichen scharten. Der Hammelburger Märzverein traf sich im „Felsenkeller" (heute ist dort die Musikakademie) und im „Grünen Baum" (Bahnhofstr. 34), während der Piusverein in der „Krone" (neben dem Roten Schloss und dem Rathaus gelegen) sein Stammlokal hatte.[9]

Stadtpfarrer Bäuerlein reimte über einen Prototypen der anderen Seite in acht Versen u.a.:

„Mag Glaube ihm als leerer Wahn nur gelten
Mag Gott er leugnen nach den eig'nen Sinn
Sich selbst ihn bilden nach dem mag er weidlich schelten
Der Kirche Diener: bringt's ihm nur Gewinn.
Das Hohe, Heil'ge, ihm ist es zum Spott
Ein Blendwerk nur für Kinder ist ihm Gott.
So denkt und spricht er. All das Zeug ist nichtig
Und ich bin nach wie vor gesinnungstüchtig!"

Dem antwortete ein Radikal-Liberaler ebenfalls in zehn Versen u.a. Folgendes:

9 Straßennamen gab es seinerzeit nicht, nur Hausnummern. Vgl. Schneider, Franz Josef / Beichel, Reinhard. WIRTHSCHAFTEN im Hammelburg – Die Entwicklung

„Wenn man den graden Rücken beugt
Gebückt vor dem Altare steht
Leiß' wie ein heimlich Füchslein schleicht
Die Augen auf zum Himmel dreht
s' kost't nichts – und man hat nichts davon -
Das gibt man hin für Religion!"

Don Camillo und Peppone an der Saale? Wenn auch dieser „Märzvereinler" unbekannt ist, kommt der Gedanke an die norditalienischen Streithähne aus den ideologischen Kämpfen einhundert Jahre später schnell in den Sinn.

Beide Gedichte, denen der Pfarrer eine weitere geharnischte Stellungnahme folgen ließ, waren im „Anzeige-Blatt für Hammelburg und die angränzenden Gerichtsbezirke" im Oktober 1849 abgedruckt.[10]

Eine Katastrophe ereignete sich am 25. April 1854, als 464 Häuser und der Kirchturm abbrannten. Mit anderen Worten: Nur 75 Häuser blieben stehen. Der damalige Kaplan Joseph Schork (später Erzbischof von Bamberg) verfasste dazu eine detaillierte Chronik, die 1990 gut archiviert in der Kirchturmspitze gefunden wurde:

> „(...) Da brach hier Feuer aus. Es entstand durch Nachlässigkeit in der Scheuer des Mitbürgers Dr. Kaiser in der Nähe des Thürmersthurmes, dessen Fachwerk obenselbst abbrannte und die Sturmglocke auf demselben schmolz, um 11 Uhr Vormittags: dieses Feuer in Mitte der Stadt ausgekommen griff mit solcher Heftigkeit um sich, daß in Zeit von, zwei Stunden drei Viertheile der Stadt in Flamen standen, denn es wehte vom frühen Morgen an, und namentlich zur Stunde des Unglücks, ein so furchtbar schrecklicher Sturmwind, dass es unmöglich war, den Flamen (sic!) Einhalt zu thun, das Feuer brannte gar nicht in die Höhe, sondern wälzte sich, vom Sturmwinde nie-

---

10 Vollständig wiedergegeben in: Roland Hoffmann. Die Revolution 1848/49 in Bayern und ihre Auswirkungen auf Hammelburg und Umgebung. In: Hammelburg – Stadt mit Geschichte. Streifzug durch zwei Jahrhunderte. Hammelburg 2016, S. 181-188, hier 186f. Es fällt auf, dass diese Wortgefechte in einer Zeitung veröffentlicht wurden, nachdem die Revolution längst abgeschlossen und die Obrigkeit ihre Macht wiederhergestellt hatte.

dergedrückt fast immer im Kreise herum, und griff mit einer solchen Schnelligkeit um sich, daß man glauben sollte, die Flamme würde von unsichtbarer Hand von einem Gebäude zum andern, von einem Ende der Stadt zum andern geschleudert. Die Bürger und Bewohner der Stadt beeilten sich alle mit rastlosem Eifer, des Feuers Herr zu werden, und die Flame (sic!) zu unterdrücken; aber alle mußten alsbald auf ihre eigne Rettung denken, mußten die Feuerspritzen und Löschmaschinen verlassen und dem Feuer selbst überlassen, um nur ihr eigenes Leben zu retten; denn die Stadt war im Zeitraume von zwei Stunden ein wahres Feuermeer. Es brannten nieder bis auf den Grund alle Häuser und Gebäude am Marktplatze, die Niedergasse bis an das Forstamt, Obere Gasse, ein Theil der Judengasse, Häfnergasse Bad- und Betgasse, Löwersgasse, Kirchgasse, Weihersgasse, alte Postgasse, Neubaugasse, Spitalgäßchen, theilweise die alte Amtsgasse. (…)"[11]

Über die zerstörten Hauseinrichtungen hinaus fielen zahlreiche Urkunden und Bücher den Flammen zum Opfer. Die Einwohnerzahl bezifferte der Pfarrer auf 2.750 Seelen, eine Zahl, die sich im Laufe des Jahrhunderts nur wenig änderte.

Einen weiteren schweren Schlag erlitt Hammelburg im Juli 1866, als der Deutsche Krieg ins Saaletal kam: 13 preußische Bataillone standen drei bayerischen Bataillonen gegenüber. Das Gefecht bei Hammelburg[12] in der glühenden Sommerhitze ließ rund 170 Verwundete zurück, die von Feldärzten, Hammelburger Medizinern und Ordensschwestern versorgt wurden. Preußischer Artilleriebeschuss ließ Teile der Stadt, die gerade im Wiederaufbau begriffen war, erneut in Flammen aufgehen. Theodor Fontane beschrieb das Gefecht bei Hammelburg in seinen Buch „Der deutsche Krieg von 1866", Bd. 2[13].

11 Urkunden aus der Hammelburger Kirchturmspitze (hammelburger-album.de).

12 Siehe auch: Dörfel, Gerald. Die Preußen in Bayern – Das Gefecht bei Hammelburg am 10. Juli 1866. Frankenland, Heft 4 /2015, 248-270.

13 ‚Fontane, Theodor: Der deutsche Krieg von 1866. 2', Bild 122 von 466 | MDZ (digitale-sammlungen.de).

Die Elektrifizierung begann 1896. 1903 erwarb Karl Happ das Recht, ein Elektrizitätswerk am Thulbakanal an der Herrenmühle (ein Wasserkraftwerk) zu errichten. Nach dem Tod der Besitzerin Maria Happ im Juli 1962 übernahm die Stadt im Oktober gleichen Jahres das E-Werk. Die dazu gehörige Maschinenhalle wurde 1971 abgerissen.

Die wirtschaftliche Situation war im neunzehnten Jahrhundert schwierig, da sich kaum Industrie angesiedelt hatte. Manche Hammelburger wanderten aus, insbesondere nach Nordamerika. Die Einwohnerzahl sank zwischen 1880 und 1900 um 18 Prozent.[14]

Selbst der Weinbau war nach Missernten in Not. So notierte der Hammelburger Karl Schneider:

> „Um die Jahrhundertwende war die Not in Hammelburg noch außerordentlich groß. Da mußten die meisten Winzerfamilien fast das ganze Jahr über ihr Brot bis zum Herbst auf Borg kaufen. Wenn aber die Bäcker nicht mehr borgen konnten oder wollten, weil ein Weinmißjahr in Aussicht war, dann wurde die Schar der bettelnden Kinder, die vor jeder Tür ihr Vaterunser beteten und dafür ihren Pfennig oder ein Stück Brot bekamen, noch größer. Der ewige Hunger der vielen verschämten Armen wurde noch empfindlicher, und mancher, von Not und Elend zermürbt, legte seine Selbstachtung endgültig ins Grab und machte wie die anderen erwachsenen Bettler Mittwoch und Samstag seinen furchtbaren Rundgang durch die Stadt".[15]

Einer Gedenktafel an der Pfarrkirche zufolge war es der junge Kaplan und spätere Pfarrer Johannes Aegidius Martin (1873 bis 1943), der maßgeblich an wichtigen Weichenstellungen für die örtliche, noch eher bäuerliche Wirtschaft beteiligt war. Der Blick in die Pfarrchronik gibt weitere Auskünfte: Martin gründete 1903 die Darlehnskasse und den Obstbauverein, 1904 den Winzerverein (Winzergenossenschaft), im darauf folgenden Jahr eine land-

14 Vgl. Maul, Karl-Heinz: Die Ewald-Sage. Stadt Hammelburg (Hrsg.): Hammelburg – Stadt mit Geschichte. Hammelburg 2016, 141- 152.

15 Diözesanarchiv, Nachlass Pfarrer Martin, Aufzeichnungen Karl Schneider, wiedergegeben in: Hammelburg. Bausteine zur Pfarrgeschichte, 80.

wirtschaftliche Lagerhaus-Genossenschaft, sowie eine Gewerbe-Innung für Handwerker und, nach 1918, eine Baugenossenschaft. Dass er die katholischen Vereinigungen förderte und sich um die Renovierung „seiner" Stadtpfarrkirche St. Johannes (von der Orgel bis zur Heizung) und der Steinthalkapelle bemühte, mag daher niemanden überraschen. So geht der Kreuzweg am Friedhof auf ihn zurück. Als Mitglied des Bezirkstages Hammelburg (dem späteren Kreistag entsprechend) setzte sich Dekan Martin für die Weiterführung der Bahnlinie Richtung Bad Kissingen ein (1912 beschlossen, 1924 vollendet).[16]

Mit dem Ende der Garnison nach dem Ersten Weltkrieg und den überregionalen Krisen des Deutschen Reiches war die örtliche Wirtschaft schwer

Herbstnebel unterhalb der Saaleck

16 Johannes Martin: Ein wahrhaft großer Stadtpfarrer - und das in mehrfacher Hinsicht (mainpost.de)

getroffen. Dennoch konnte ein neues Stadtviertel aufgebaut werden: die Johannes-Martin-Siedlung. Der Geburtenrückgang brachte die Existenz des Hammelburger Progymnasium (heute: Frobenius-Gymnasium) in Gefahr. Pfarrer Martin gelang es, eine Schließung abzuwenden. Das kulturelle Leben war trotz allem rege: Das Vereinsleben blühte, beispielsweise existierte ein Amateurtheater.

Die Katholische Kirche in Deutschland bekundete früh ihre Ablehnung des Nationalsozialismus. Martin erklärte schon im Jahre 1930 gegenüber dem NS-Ortsgruppenführer Mat(t)hias Haidn: Er werde alles tun, um den Nationalsozialismus von Hammelburg fernzuhalten (so jedenfalls Haidns Aussage lt. Protokoll auf der Gendameriestation Hammelburg 1931). Damit stand er im Einklang mit der Mehrheit in der Stadt: Am 5. März 1933 erreichte die Bayerische Volkspartei 54 Prozent (versus 36,2 Prozent für die Hitler-Bewegung).

Es ist gut belegt (aber nicht mehr allzu bekannt), wie der Gegensatz zwischen Nationalsozialisten und Katholiken zu einem Kirchenkampf der totalitären Machthaber ausartete: Er brachte Pfarrer und Ordensleute vor Gericht, unter Gestapo-Beobachtung und ins Konzentrationslager. Johannes Martin war 13 Mal wegen seiner permanent geäußerten Kritik am Nationalsozialismus angeklagt, aber nur einmal rechtskräftig verurteilt worden: Was er meinte, war leicht zu verstehen, doch so geschickt angebracht, dass er sich im Verhör wirkungsvoll verteidigen konnte. Seine Fürsorge galt der kirchlich orientierten Jugend, seine Solidarität den verfolgten oder verleumdeten Priestern. Mit Blick auf Spitzel, die die Predigten protokollierten, befestigte Martin eine Erklärung an der Kirchenpforte: Er werde von seinem Hausrecht gegen die „Mitschreiber" Gebrauch machen. Dementsprechend nannte ihn eine Würzburger NS-Dienststelle einen der „übelberüchtigsten (sic!) politisierenden katholischen Geistlichen im Gau Mainfranken", der als „Herrscher der Hammelburger Bevölkerung (...) eine treue und ihm jederzeit ergebene Schar" anführe.[17] Dass sich die Pogromnacht vom 9. November 1938 bitter rächen würde, war ihm klar. Eine Gedenkplatte am Kirchplatz und eine Informationstafel am Kircheneingang erinnern an diesen tatkräftigen, weit über das rein Geistliche hinaus verdienstvollen Priester, der bereits 1908 zum Eh-

17 Vgl. Schäfer, Friedrich: Das Eindringen des Nationalsozialismus in das Alltagsleben einer unterfränkischen Kleinstadt. Würzburg 1994, 490.

renbürger Hammelburgs ernannt wurde. Er verstarb am 16. Februar 1943 und ist in seinem Geburtsort Helmstadt bei Würzburg begraben.

Unmittelbar vor Kriegsende sprengte die Wehrmacht die mittelalterliche Saalebrücke: angesichts der militärischen Situation ein sinnloser Akt. Die Amerikaner schossen 30 Granaten auf die Stadt.

In der Nacht vom 6. auf den 7. April 1945 übergab der städtische Angestellte Ludwig Kirchner im Auftrag des Bürgermeisters Clement in Begleitung zweier Kriegsgefangener die Stadt an die amerikanischen Truppen. Diese Kapitulation wendete eine totale Zerstörung, die unmittelbar bevorstand, gerade noch ab. 153 Hammelburger Soldaten fielen im Zweiten Weltkrieg, acht Zivilisten waren zu beklagen. Bomben und Granaten beschädigten 14 Gebäude.

Seit der Gebietsreform von 1971/72 gehören zur Stadt Hammelburg die Orte Westheim, Pfaffenhausen, Diebach, Feuerthal, Morlesau, Obererthal, Untererthal und abschließend (1978) Gauaschach.

Der Landkreis Hammelburg – Autokennzeichen HAB – ging 1972 im Kreis Bad Kissingen (KG) auf. Seine Einwohnerzahl betrug zuletzt 27.700 auf einer Fläche von 350 Quadratkilometer.

Die jüdische Gemeinde

In Hammelburg lebten Juden bereits im dreizehnten Jahrhundert: Der Tod einer Jüdin aus Hammelburg am 27. Juli 1287 ist auf einem Grabstein aus der Würzburger Pleich vermerkt. Damit war die jüdische Gemeinde eine der ältesten Unterfrankens. Im Jahre 1298 tobte nach einer angeblichen Hostienschändung der Hass gegen die Juden in Franken. Auch wenn die Gemeinde unter dem Schutz des Fuldaer Fürstabts stand, ereigneten sich mehrere örtliche Pogrome, v.a. während der Pestepidemie. Den Juden war kein Handwerk und Gewerbe erlaubt, so dass sie auf Handel und Geldverleih abgedrängt waren, und sich den Hass mancher Schuldner zuzogen. [18]

18 Ich stütze mich im Folgenden auf: Die Synagoge in Hammelburg (Landkreis Bad Kissingen / Unterfranken / Bayern) (alemannia-judaica.de).

Juden aus dem Fürstbistum Würzburg konnten sich nach ihrer Ausweisung 1453 in Hammelburg ansiedeln. „1570 lebten etwa 100 jüdische Personen in der Stadt", denen eine Synagoge zur Verfügung stand. In benachbarten Dorf Pfaffenhausen war ein jüdischer Friedhof, und spätestens seit 1604 existierte ein rituelles Bad: eine Mikwe. 1645 sind 42 jüdische Familien nachgewiesen. Wiederholt forderte der Rat der Stadt, wie es auch andernorts geschah, die Aufhebung der jüdischen Gemeinde. 1671 wies der neue Fuldaer Fürstabt Bernhard Gustav dementsprechend fast alle Juden aus. Dazu schreibt der Volksschullehrer Julius Straus in der Bayerischen Israelitischen Gemeindezeitung vom 10. September 1925 unter dem Titel „Streifzüge durch das fränkische Saaletal. Eine kulturhistorische Plauderei":

> „Mühselig geduckt schleppten nun die heimatlos gewordenen fuldaischen Schutzjuden ihre tragbaren Habseligkeiten fort. Die Glücklicheren unter den Unglücklichen bargen Hab und Gut in alten gebrechlichen Wagen, die mit einem Zelttuch überspannt waren und langsam die Straße dahin krochen, weil eben das magere Pferdchen nicht schneller konnte. Manches Schimpfwort, mancher Steinwurf aus dem Hinterhalt ließ Kinder und Greise unter dem Zeltbahn erschreckt aufschreien. Die meisten Christen indes hatten sich den menschlichen Sinn bewahrt und wollten von Rohheiten nichts wissen. Juden und Christen hatten im Allgemeinen ganz gut miteinander gelebt, wenn auch manches Missverständnis auf beiden Seiten noch herrschte. Doch das Volk hatte damals – nichts zu sagen. Und so zerstreute sich denn die Hammelburger Judengemeinde nach allen Gegenden (...)".

Nach 1701 war wieder jüdisches Leben in Hammelburg möglich. Es entfaltete sich nur allmählich: So wohnten im Jahre 1762 erst zehn jüdische Familien in der Stadt. Eine neue Synagoge wurde um 1800 errichtet.

Die beste Zeit erlebte die Hammelburger jüdische Gemeinde im Königreich Bayern. Das bayerische „Judenedikt" vom 16. Juni 1813 beabsichtigte, Juden in den zentralistisch verfassten und sich als aufklärerisch-modern verstehenden Staat zu integrieren. Sie hatten sich bei der Polizei anzumelden,

Familiennamen anzunehmen und einen Untertaneneid abzulegen. Einige Einschränkungen blieben jedoch bestehen.

Die Hammelburger Matrikelliste von 1817 führen 20 jüdische Familienvorstände auf. 1837 waren dort 145 jüdische Menschen gemeldet (fünfeinhalb Prozent), zur Jahrhundertwende waren es 149 (5,2 Prozent), zehn Jahre später 117 (vier Prozent von 2911 Einwohnern). Die völlige bürgerliche und staatspolitische Gleichberechtigung, etwa in Bezug auf den Zugang zu Richterstellen, das passive Wahlrecht und die freie Wahl des Wohnsitzes, erfolgte 1848 und 1861, und ein Reichsgesetz bestätigte sie im Jahre 1871. Jüdische Hammelburger spielten in Handel und Gewerbe spätestens ab 1850 eine wichtige Rolle. Ihr Schul- und Armenhaus war in der Dalbergstr. 63.

In den Jahrzehnten vor Hitlers Herrschaft gab es in Hammelburg, wie vielerorts in Unterfranken, mehr Juden als Protestanten. Im Jahre 1902 beliefen sich die Zahlen auf 165 zu 70, bei 2.600 Katholiken.[19] Das Verhältnis zwischen Christen und Juden war gut.

Im Jahre 1933 lebten 79 Hammelburger jüdischen Glaubens in der Kleinstadt, am 9. November 1938 waren bis auf 15 Personen die weitaus meisten in andere, größere Städte wie etwa Frankfurt oder ins Ausland geflohen. Jüdische Geschäfte wurden zwangsliquidiert. An diesem Tag brannten Hammelburger SA-Männer und Untererthaler Hitlerjugendliche unter Führung des 26-jährigen Karl Hartmann die Synagoge in der Dalbergstr. 57/57a an, zwei Tage später zerschlugen sie die Inneneinrichtung mit Äxten und Beilen. Anderen Angaben zufolge war das Synagogengebäude seit 1936 in städtischen Besitz und wurde nicht gebrandschatzt.[20] Sechs Wohnungen von Juden wurden gestürmt, Eigentum demoliert. Die NS-Volkswohlfahrt richtete im ruinierten Synagogenhaus einen Schweinestall ein. Mit der Kapitulation wurde dies beendet, die ehemalige Synagoge diente als Wohnhaus und steht, umgebaut, heute noch. Ein ovales Fenster, längst zugemauert und doch erkennbar, symbolisierte früher das Auge Gottes.

Kurz nach dem 10. November 1938 wurden die Juden, wie überall unter Hitlers Herrschaft, verhaftet und in Konzentrationslager verschleppt. Am

---

19 N.N.: Johannes Martin. Kaplan, Stadtpfarrer und Sozialreformer von Hammelburg. In: Hammelburger Lesebuch, S. 16.

20 Kaup-Clement, Petra: Hinterher wollte keiner dabei gewesen sein. In: Hammelburger Album (hammelburger-album.de).

Seelhausplatz befindet sich eine Gedenktafel mit den Namen geflohener und ermordeter Hammelburger jüdischen Glaubens. Lassen wir zwei jüdische Bürger zu Wort kommen!

Karl Nussbaum, 1885 in Hammelburg geboren, Inhaber des beliebten Modefachgeschäfts „Kaufhaus Simon Nussbaum" (Kissinger Str. 3-5), wandte sich am 8. November 1946 aus Manchester an die Spruchkammer Hammelburg:

> „Es lässt sich nicht zu Papier bringen, was wir erduldeten und welche Gemeinheiten von diesen Parteimitgliedern gegen uns ersonnen wurden. Wir hatten jedoch die Sympathie Vertrauen der Bevölkerung und Kundschaft und man war allgemein empört über das uns angetane Unrecht".

Nussbaum wurde 1934 wegen angeblichen Preiswuchers für ein Jahr ins KZ Dachau eingesperrt. 1938 musste er das fast einhundertjährige Familienunternehmen weit unter Wert verkaufen und emigrierte nach England, wo sein Sohn Zahnmedizin studierte. Nussbaum starb 1968 in Manchester.

Der Hammelburger Viehhändler Max Hamburger, früher wohnhaft in der Bahnhofstr. 10, schrieb:

> „New York, April 1946
>
> Liebe Freunde!
> Hoffentlich sind der Bürgermeister Clement, Gagel, Georg Happ, Hermenegild Erb, Grohmann, Eugen Huber und die anderen Nazis, sowie Käthe Gössmann, hinter Schloss und Riegel, dass sie empfinden, was sie den Juden angetan haben. Dass Rechtsanwalt Rüth und Zahnarzt Kessler vermisst sind, haben wir im vergangenen Jahr hier gehört. Bitte schreibt uns doch mal die Neuigkeiten aus Hammelburg. Wie geht es den Nachbarn Sell, dem Sohn Ruppert? Und wenn ihr die Johanna Hess seht, so fragt sie, wenn sie wieder an unserem ehemaligen Haus vorbeigeht, ob es jetzt auch noch nach Juden stinkt? Berichtet meine Grüße an Frau Raimann. Wie geht es Adam Kaiser neben Metzger Köhler?

Hoffentlich hat Herr Pfarrer Martin diese schreckliche Zeit überlebt, denn er hat genug gelitten, bitte grüßt ihn auch von mir herzlichst. Alle den (ausgewanderten) Hammelburgern geht es hier sehr gut und keiner will mehr zurückkehren. Gott segne Amerika. Noch etwas: meine 15 Morgen Feld, welche mir der Bürgermeister Clement abgepresst hat, ist mein Eigentum und bleibt mein Eigentum, und wer es hat, muss es wieder zurückgeben. Berichtet es Rechtsanwalt Egid Schmitt. - Alois Schlereth, Stadtschreiber Josef Fuchs und Sebastian Strauss berichtet meine Grüße. Lasst bald mal von Euch hören, und herzliche Grüße! Euer treuer Nachbar Max

(Quellen: Spruchkammer Hammelburg, StaWü)"[21]

Informationen über 170 Hammelburger/-innen jüdischen Glaubens, insbesondere Opfer der Shoah und Geflohene, bietet diese Datenbank: www.historisches-unterfranken.uni-wuerzburg.de/juf/ (zuletzt abgerufen am 28. August 2023)

Essen und Trinken in Hammelburg

Hammelburg zählt seit 2018 zu den „hundert Genussorten Bayerns", die eine unabhängige Jury im Rahmen einer Premiumstrategie für Lebensmittel in Bayern auswählte. Bewerben konnten sich alle Gemeinden zwischen Rhön und Alpen mit ortstypischen kulinarischen Besonderheiten. Gegenwärtig wären die Aussichten Hammelburgs schlechter, nachdem das Restaurant auf der Saaleck geschlossen ist.

Hammelburg ist der älteste und zugleich einer der nördlichsten Weinorte Frankens. Die Weißweine, zumeist Silvaner und Müller-Thurgau, aus den Lagen Trautlestal und Heroldsberg sind in Hammelburg und Umgebung beim Erzeuger und im örtlichen Lebensmittelhandel erhältlich. Der Heroldsberg kommt in den Genuss des Sonnenlichts von Süden her. Wegen des steilen Hangs kann hier nur von Hand gelesen werden.

---

21 Familie Hamburger (politik-in-hammelburg.de), zuletzt abgerufen: 28. August 2023. Vgl. „Keiner will mehr zurück – Gott segne Amerika" In: Main-Post, 27.10.2011

Weinberg mit Stadtblick

Zum Wein schmeckt der Dätscher: ein Roggengebäck mit grobem Salz und Kümmel. Der Dätscher wurde ursprünglich am Backtag aus Brotteigresten hergestellt. Das Wort ist abgeleitet von „dätschen": leicht schlagen. Mehr unter: Genussort Hammelburg - Tourismusverband Franken (frankentourismus.de)

Das Bierbrauen ist seit dem siebzehnten Jahrhundert nachgewiesen, seinerzeit im Städtischen Brauhaus. 1934 existierten drei Brauhäuser. Am bekanntesten ist wohl die traditionsreiche Privatbrauerei Salch in der Rotkreuzstr. 6.

Sie war zunächst eine reine Gasthausbrauerei, die ihren Betrieb 1889 mit der Einrichtung eines eigenen Brauhauses erweiterte, nachdem auch andere Lokale das Salch-Bier anbieten wollten. Salch beschäftigte bis zu 15 Mitarbeiter (ab den 1950ern durchschnittlich zehn Arbeiter), brachte zwei Lehrlinge im Jahr zur Gesellenprüfung und stieß maximal 13.000 Hektoliter Bier per anno aus. Die Produktion an der Saale wurde 1996 eingestellt, als der Besitzer Alois Salch in Ruhestand ging. In diesen Jahren mussten viele kleine Brauereien ihre Eigenständigkeit beenden. Die Produktion „nach Hammelburger Rezept" wird von den neuen Eigentümern in Motten (Will Bräu) und Fulda (Hochstiftliches Brauhaus) fortgesetzt.

Die Brauerei „Felsenkeller" am Schlossberg unterhalb der Saaleck bestand von 1828 bis 1971.

Nicht nur Militärgeschichte: Lager Hammelburg

Zwar war Hammelburg schon unter Fuldaer Herrschaft, von 1797 bis 1803, Standort eines Landwehr-Bataillons. Doch die eigentliche Hammelburger Militärgeschichte beginnt erst 1895: Die Königlich Bayerische Armee brauchte einen weiteren Schießplatz für die Artillerie und baute das Lager Hammelburg etwa drei Kilometer südlich des Stadtkerns auf. Einige auffallende Gebäude wie der Wasserturm, das Fähnrichheim und das Jägerkasino sind aus jenen Jahren erhalten. Das Lager Hammelburg war für die Stadt vorteilhaft, denn die Soldaten brachten zusätzliche Kaufkraft. Selbst der örtliche Fotograf konnte sich über einen spürbar gestiegenen Umsatz freuen. Die Kasernenbauten dienten im Ersten Weltkrieg als Unterkunft v.a. für russische, italienische, französische und serbische Kriegsgefangene. Die Novemberrevolution machte vor dem Lager nicht halt: Mannschaften degradierten ihre Offiziere. Ein Soldatenrat formierte sich, „um Ruhe und Ordnung aufrecht zu erhalten, damit die politische Umwälzung im Lande in ruhigen Bahnen vor sich geht"[22]: Ende 1918 waren nach wie vor Kriegsgefangene zu bewachen, während die öffentliche Ordnung in der Stadt bewahrt werden musste. Ebendort ordnete ein gewählter, die Landkreisbevölkerung vertretender 38-köpfiger Arbeiter- und Bauernrat an, dass in dieser „neuen Zeit" unmittelbar nach dem Sturz der Wittelsbacher den Behörden wie gewohnt

22 Hammelburger Zeitung, 55. Jg. (1918), Nr. 136, wiedergegeben in: Josef Kirchner: Sonne und Wolken über Hammelburg. Heimatgeschichtliche Sammlung und Rückblick, Hammelburg 1988, 17 Soldatenrat: An die Bevölkerung des Bezirkes Hammelburg.

Folge zu leisten sei. Wie das politische System der Zukunft aussehen werde, solle eine gewählte Nationalversammlung bestimmen. Auf jeden Fall gelte die Sicherheit der Person und des Eigentums, „das Recht der freien Äußerung und Kritik, und Kritik sei jedem gewährt".[23] Lebensmittelversorgung und Bekämpfung des Preiswuchers waren wichtige Anliegen. Von Umsturz war in dieser Zeit des Mangels und der Trauer wenig zu spüren, um so mehr von Kontinuität.

Die gegenrevolutionäre Seite lebte auch in Hammelburg auf. Der Jagdflieger Rudolf Berthold aus Ditterswind/Haßberge führte ein Freikorps mit dem Namen Fränkisches Bauerndetachement an, das sich bald die griffigere Bezeichnung „Eiserne Schar" gab. Nach Einsätzen in Bad Kissingen und Schweinfurt beruhigte sich die Lage in Bayern.

Mit dem Versailler Vertrag endete der Militärstandort Hammelburg und sein Truppenübungsplatz. Im Zuge der Demobilisierung übernahm die Reichsvermögensverwaltung das Gelände und verpachtete es. Die abgesiedelten Bauern konnten ihre Felder wieder nutzen.

Am 11. Dezember 1919 stattete Nuntius Eugenio Pacelli, der spätere Papst Pius XII., dem Lager einen viertägigen Besuch ab. Ihm ging es nicht nur um die dort verbliebenen russischen Kriegsgefangenen (die letzten verließen erst 1921 wegen des andauernden russischen Bürgerkriegs das Lager), sondern um den Aufbau des Kindererholungsheims Marienruhe im südlichen Teil des Lagers. Gründer waren der Ministerialdirektor im Reichsarbeitsministerium Andreas Grieser, der Würzburger Prälat und Dompfarrer Alfred Winterstein und Georg Maria Staab als Direktor. Ab 1920 verbrachten dort kranke Kinder aus ganz Deutschland einen vierwöchigen Aufenthalt: insbesondere jene, die durch schlechte oder einseitige Ernährung beeinträchtigt waren. Den Sechs- bis 17-Jährigen stand ein Krankenhaus, 40 Schlafsäle, ein Badehaus mit 48 Duschen und acht Kabinenbäder zur Verfügung. In 16 Speisesälen wurden täglich eintausend Kinder verköstigt. Spiel und Sport waren angesagt, Wanderungen ebenso. Im Winter konnte eine Eisbahn, im Sommer ein Planschbecken genutzt werden. Die dazugehörige Landwirtschaft sorgte für die Milchlieferung. Die Betreuung erfolgte durch Missionsschwes-

23 Hofmann, Roland/Schäfer, Friedrich: Hammelburg und der Erste Weltkrieg 1914-1918. In: Hammelburg – Stadt mit Geschichte. Streifzug durch zwei Jahrhunderte. Hammelburg 2016, S. 233-254, hier 249

tern vom Kostbaren Blut, deren Aufgaben im Jahre 1925 Ordensschwestern aus Würzburg von der Kongregation Töchter vom allerheiligsten Erlöser übernahmen. Bis 1931 durchliefen 60.000 kranke und erholungsbedürftige Kinder die Einrichtung.

Wer finanzierte das Kindererholungsheim? Pacelli vermittelte Unterstützung: Aus den USA kamen Kleidung und Lebensmittel. Ein Fabrikanten-Ehepaar aus New York stiftete eine katholische Kirche, die im bisherigen Offiziersheim eingerichtet wurde, sowie Schuhe und Kleidung. Niederländische Bürger spendeten 16 Millionen Gulden, u.a. in Form von Lebensmitteln. Spenden kamen von Aschaffenburger Aktiengesellschaften und weiteren Firmen sowie von Privatpersonen, Unterstützung leistete die Katholische Kirche unter anderem in Person von Kardinal Faulhaber (München) bis hin zu den Päpsten Benedikt XV. und Pius XI. Dennoch musste das Kindererholungsheim im Jahre 1931 aus Geldmangel schließen – der Pachtvertrag war ausgelaufen, und die Bedingungen der Weltwirtschaftskrise ließen eine Fortführung nicht zu.[24] An seine Stelle trat im gleichen Jahr der Freiwillige Arbeitsdienst, eine staatliche Einrichtung, die nicht mit Hitlers erzwungenem „Reichsarbeitsdienst" zu verwechseln ist.

1935 übernahm die Wehrmacht den Truppenübungsplatz. Im nördlichen Teil des Lagers entstanden neue Kompaniegebäude, Infanterie zog ein.

Im Zweiten Weltkrieg saßen in Lager Hammelburg erneut tausende Kriegsgefangene: kurzzeitig auch Stalins Sohn Jakow Dschugaschwili.[25] Es existierte ein Stammlager „Stalag XIII-C" für Mannschaften und Unteroffiziere aus Großbritannien, der UdSSR und der Vereinigten Staaten sowie ein Offizierslager Oflag XIII B" zunächst für Serben, dann für Amerikaner. Ernährung und hygienische Bedingungen waren katastrophal.

Auf dem Friedhof „Am Felschen" (Fuchsstadt, Hundsfelder Str.) sind 3.000 sowjetische Kriegsgefangene bestattet, von denen mehr als 1.700 Tote namentlich identifiziert sind.

---

24 Vgl. Eugenio Pacelli. Kritische Online-Edition der Nuntiaturberichte 1917–1929 (pacelli-edition.de). Vgl.: Kinderheim „Marienruhe" (hammelburger-album.de) Nach anderen Angaben handelte es sich bei dem Ordensschwestern um Benediktinerinnen, doch sind die Nuntiaturberichte Pacellis wohl die aussagekräftigere Quelle.

25 Neef, Christian. „Erschießen Sie mich!" Der Spiegel, 7/2013, S. 86-89. Jacow Dschugaschwili beging 1943 im KZ Sachsenhausen Suizid.

Am 23. März 1945 erfuhr der amerikanische General George S. Patton, sein Schwiegersohn Lieutenant Colonel John J. Waters befände sich als Kriegsgefangener im Lager Hammelburg, genauer: im Offizierlager XIII-B. Er wollte daraufhin das Lager von seiner Panzerdivision einnehmen lassen, doch seine Vorgesetzten Dwight D. Eisenhower und Walter Bedell Smith sahen darin keinen ausreichenden militärischen Sinn. Darauf stellte Patton heimlich eine kleine Kampfgruppe von 311 Mann mit 57 Panzerfahrzeugen zusammen, die Task Force Baum, benannt nach ihrem Anführer Captain Abraham Baum, um Waters und dessen Kameraden aus dem Offizierlager zu befreien. Bei einem Schusswechsel wurde Waters verwundet und musste behandelt werden. Der Task Force Baum misslang der Auftrag. Ihr Rückzug verlief desaströs: 26 Amerikaner fielen, die meisten gerieten in Gefangenschaft, einem kleineren Teil gelang die Flucht.

Etwa eine Woche später konnten die regulären US-Truppen das mittlerweile evakuierte Lager erobern, wo nur noch kranke Gefangene anwesend waren.

Abraham Baum, geboren 1921 in New York, besuchte Hammelburg zuletzt im Jahre 2005, als er den damaligen Weg erneut befuhr, sich mit den Gegnern von einst traf und einige Autogramme gab. Er verstarb im Jahre 2013 und ist auf dem Nationalfriedhof Arlington bei Washington D.C. beerdigt. Waters setzte seine Laufbahn als Berufssoldat fort und nahm rund 20 Jahre später als General seinen Abschied.

Die US-amerikanische Fernseh-sitcom „Hogan's Heroes" („Ein Käfig voller Helden") spielt in einem bei Hammelburg liegenden Kriegsgefangenenlager namens „Stalag 13" während des Zweiten Weltkriegs. Hammelburg wird ausdrücklich genannt. Tatsächlich fanden an der Saale keine Außenaufnahmen statt. Die Serie aus den Jahren 1965 bis 1971 kam in den 1990er Jahren auch im deutschen Kommerzfernsehen zur Ausstrahlung.

Zwischen 1945 und 1948 diente der nördliche Teil des Lagers Hammelburg als Internierungsort für tausende unterfränkische NS-Funktionäre, die die US-Army „automatisch arretiert" hatte und die nun auf ihren Spruchkammerbescheid warteten. Die Ernährungslage war v.a. anfangs miserabel. Manche NS-Funktionäre landeten hier nach ihren Verurteilungen im Arbeitslager, wie etwa der Münchner Ex-Oberbürgermeister Karl Fiehler. Geleitet wurde es von der Counter Intelligence Corps: Das CIC-Camp im Lager Hammelburg trug die Bezeichnung Nr. 9. Von 1947 bis 1958 befand sich im gleichen Teil des Lagers eine Unterkunft der bayerischen Staatsregierung, zunächst v.a. für Vertriebene aus den ehemaligen deutschen Ostgebieten und zunehmend für Flüchtlinge aus der Sowjetischen Besatzungszone/DDR.

Das militärische Sperrgebiet bei Hammelburg ist mit einer Fläche von etwa 40 Quadratkilometern wesentlich kleiner als die Truppenübungsplätze Grafenwöhr (226 Quadratkilometer) und Wildflecken (72 Quadratkilometer).

Zum größeren Teil ist es eine Wiesenlandschaft mit einigen Waldflächen. Ex-Soldaten erinnern sich zumeist an die Gefechtsübungen im Wäldchen „Müllerschlag".

„Befahren und Begehen verboten, gez. Der Kommandant/Die Kommandantin"

Relevant ist das Lager Hammelburg wegen seines Ausbildungszentrums Infanterieschule IS. Zwar bestand die IS schon seit den Bundeswehr-Anfängen 1956, doch war sie zusammen mit Mittenwald und Altenstadt eine von drei Kampftruppenschulen (KTS). Es gehört zum Pflichtprogramm eines jeden Bundesverteidigungsministers, dieser Institution mindestens einen Besuch abzustatten. Boris Pistorius erschien im Mai 2023 zum Antrittsbesuch.

In der Eigendarstellung heißt es: „(...) Es werden Offiziere und Unteroffiziere der Infanterie des Heeres und der Luftwaffensicherungstruppe sowie Marineschutzkräfte ausgebildet. Darüber hinaus werden Schießlehrer für Handwaffen, Einzelkämpfer, Führer von Jagdkommandos, Scharfschützen und militärische Nahkämpfer für die gesamte Bundeswehr ausgebildet. (...)".[26]

Dorthin kommen seit Jahrzehnten Offiziere aus NATO-Ländern, aber auch aus (geografisch wie politisch) weiter entfernten Ländern wie Pakistan zur Weiterbildung.

Seit 1999 existiert in Hammelburg das Vereinte Nationen Ausbildungszentrum der Bundeswehr (VNAusbZBw) als „zentrale Ausbildungsstätte der Bundeswehr für die praktische, vorbereitende Ausbildung für UNO-Einsätze im Rahmen der internationalen Konfliktverhütung und Krisenbewältigung" mit 380 Soldaten.

Wenige Kilometer weiter auf dem Sperrgebiet befindet sich das Übungsdorf Bonnland, wo die Bundeswehr Orts- und Häuserkampf probt. Bonnland wurde 1938 sowie nach 1958 schrittweise bis 1965 abgesiedelt (der letzte noch lebende Einwohner des einstigen Dorfes, Willi Ortmann, verstarb im Mai 2021 in Oberthulba). Die kleinere Wüstung Hundsfeld (zuletzt 529 Einwohner) ist nicht mehr erkennbar, da der Weiler 1938 zum Abbruch freigegeben wurde und die übrig gebliebenen Gebäude (wie die Kirche) 1960 gesprengt wurden.

Alljährlich im Oktober findet im Übungsdorf das Bonnlandfest statt. Als Tag der offenen Tür bietet es den Nachkommen der einstigen Bonnländer die Gelegenheit, auf dem Dorffriedhof die Gräber ihrer Angehörigen zu besuchen.

Auf dem Gelände des Truppenübungsplatzes unmittelbar bei Bonnland liegt das Schloss Greifenstein, das die Bundeswehr für Veranstaltungen wie

26 Die militärische Heimat aller Infanteristen (bundeswehr.de)

die Bewirtung von Offizieren zu besonderen Anlässen nutzt. Die zweiflügelige, zwei- bis dreigeschossige Anlage aus der Renaissancezeit gehörte den Reichsrittern von Rußwurm und deren Nachfolgern von Gleichen.

Friedrich Schillers Tochter Emilie heiratete im Jahre 1828 Adalbert Freiherr von Gleichen-Rußwurm und lebte mit ihm auf Greifenstein. König Ludwig I., ein Schiller-Verehrer, besuchte sie des Öfteren, wenn er seinen bevorzugten Kurort Brückenau bereiste, und war Taufpate ihres Sohnes Heinrich Ludwig von Gleichen-Rußwurm (1836 bis 1901), einem der ersten deutschen impressionistischen Maler. Im Jahre 2022 war ihm eine Gemäldeausstellung unter dem Titel „Landschaften im Licht" im Würzburger Kulturspeicher gewidmet.

Ludwigs Sohn Alexander (1865 bis 1947), geboren auf Greifenstein, wuchs mit Schillers Nachlass (Bibliothek, Möbel, Bilder) auf: „Er war Dichter und Dramatiker, Kulturphilosoph und Kulturhistoriker, Journalist und Redner, Gutsherr und Geschäftsmann – ein vornehmer Edelmann altfränkischer Art, ein Grandseigneur, doch innig verwurzelt in Volk, Heimat, Religion. Ein liebevoller und eifriger Interpret Schillerscher Gedanken, war er bemüht, die ideal-humanitären Ideen der Klassik zu verbreiten, die Idee insbesondere vom Wert der Persönlichkeit, auch von Freiheit und Schönheit, und sie in einer nüchternen, andersgearteten Zeit als Vorbild weiterwirken zu lassen".[27] Alexander von Gleichen-Russwurm verließ Greifenstein 1938 wegen der Erweiterung des Truppenübungsplatzes und übergab das Greifensteiner Schiller-Archiv an das Schiller-Nationalmuseum in Marbach (heute: Deutsches Literatur-Archiv). Das Schloss ist ebenso denkmalgeschützt wie der Bonnländer Friedhof, wo sich das Familiengrab befindet. Eine kleine Ausstellung im Museum im Hammelburger Museum für Brot und Wein erinnerte im Frühjahr 2022 an die bekanntesten Bewohner Greifensteins („Dichter, Denker, Dachbodenbewohner"). Mit dem dritten D waren die rund 750 Fledermäuse gemeint, die im Sommerhalbjahr das Dachgebälk bevölkern und sich zum Winterschlaf in die Schlosskeller zurückziehen. 2023 stand eine Renovierung zur Bestandserhaltung an.

27 Lenk, Leonhard, „Gleichen-Rußwurm, Alexander Freiherr von" in: Neue Deutsche Biographie 6 (1964), 445-446. Online: Deutsche Biographie - Gleichen-Rußwurm, Alexander Freiherr von (deutsche-biographie.de).

Für das leibliche Wohl der Offiziere im Lager sorgt das Offizierheim, ein moderner Bau mit Flachdach, dessen Leistungen sich am ehesten mit einem gutbürgerlichen Restaurant vergleichen lassen. Die Köche haben eine abgeschlossene Lehre, während es sich bei den Kellnern um eigens abgestellte Soldaten („Ordonanzen") ohne spezielle Vor-Ausbildung handelt. Am Ostersonntag 1988 besuchten die Eltern einer der Ordonnanzen mit drei Verwandten aus dem Raum Leipzig, die auf Westreise waren, das Offizierheim, obwohl sie als Zivilisten keine Zugangsberechtigung hatten. Der ältere Herr aus dem Osten staunte, es sei dort „wie im Grand Hotel". Seine Gattin fürchtete indes, sie könnten kontrolliert werden („Wir haben doch bloß den blauen DDR-Pass"). Eine kuriose Episode in einer Zeit, in der sich kaum jemand eine Wiedervereinigung vorstellen konnte. Der Kaffee soll den Herrschaften bestens geschmeckt haben, während Torte, ohnehin nie so ganz weit oben auf dem Speisezettel der Offiziere, von diesen Gästen kurzerhand aus einer nahegelegenen (zivilen) Konditorei importiert wurde. Die Offizierheimgesellschaft e.V. und der geschäftsführende Feldwebel bemerkten dieses kleine Ereignis nicht, eine Ausweiskontrolle unterblieb. Nur 50 Kilometer weiter nordöstlich jenseits des Eisernen Vorhangs wäre diese harmlose Begebenheit völlig ausgeschlossen gewesen.

Mit der Wehrdienstzeit wird jeder allerhand Anekdoten verbinden. Unvergessen bleibt manchen Rekruten ein Spieß (Kompaniefeldwebel) des Panzergrenadier-Lehrbataillons, der die Soldaten an einem Montag Morgen im Sommer 1987 begrüßte: „Ist das Geschlechtsleben wieder geregelt? Bei mir klappts ja nicht mehr so!" Er war im Begriff, weiterzureden, als der Hauptmann erschien, und der schräge Einstieg in die Woche war beendet.

Im Jahre 2022 sind fast eintausend Soldatinnen und Soldaten in Hammelburg stationiert.

Was war das „Hammelburger Kaiserreich"?

Der Buchbindermeister Johann Kaiser, Jg. 1854, und seine Ehefrau Elisabeth, ansässig in der Kissinger Straße 27, hatten zehn Kinder. Johann Kaiser wurde Stadtkämmerer und zweiter Bürgermeister. In seiner Werkstatt war die Darlehenskasse untergebracht, die er mit Pfarrer Martin gegründet hatte. Kaiser war vom König mit dem Ludwig-Kreuz und vom Papst mit dem Orden „Pro

Ecclesia et Pontifice" ausgezeichnet worden. Er starb, von der Stadtbevölkerung hochgeachtet, 1939.

Sein ältester Sohn Joseph, Buchbinder, fiel vor Verdun im Jahre 1915.
Der zweite Sohn, Jakob, lernte den Beruf des Vaters und engagierte sich vor dem Ersten Weltkrieg für soziale Belange im Kolpingverein. Im Jahre 1912 übernahm er die Geschäftsführung der christlichen Gewerkschaften in Köln. Nach dem Kriegsdienst 1914 bis 1918 wirkte Kaiser im Generalsekretariat der christlichen Gewerkschaften auf Reichsebene und als deren Landesgeschäftsführer im Rheinland und Westfalen. Ab 1921 war er stellvertretender Vorsitzender der Zentrumspartei im Rheinland, ab 1928 gehörte er dem Parteivorstand an, im Frühjahr 1933 war er Mitglied des Reichstags. Kaiser stand von Anfang an aus weltanschaulichen Gründen im Gegensatz zum NS-Staat, um so mehr, da Hitler sämtliche Gewerkschaften verbot und sich das Zentrum gezwungenermaßen selbst auflöste. Aus Widerspruch wurde Widerstand, er stand mit Carl Goerdeler in Verbindung. Kaiser war 1938 für mehrere Monate politischer Häftling. In einem Versteck entging er 1944/45 der erneuten Einkerkerung nach dem 20. Juli.

Im Juli 1945 gehörte Jakob Kaiser in Berlin zu den Mitgründern der CDU, die er sich als überkonfessionelle Partei vorstellte – angesichts der tiefen Konfessionsspaltung ein modernes Konzept. Eine weitere Lehre aus der Weimarer Republik und dem Widerstand gegen den Nationalsozialismus war sein Votum für die Einheitsgewerkschaft anstelle der bisherigen Richtungsgewerkschaften. Als Vorsitzender der Christdemokraten in der SBZ 1945 bis 1947 versuchte er, der CDU möglichst viel Eigenständigkeit gegenüber der Sowjetischen Militäradministration und der KPD/SED zu bewahren. Kaiser favorisierte einen christlichen, demokratischen Sozialismus im Gegensatz zum Marxismus-Leninismus-Stalinismus. Ein geeintes Deutschland solle „Brücke zwischen Ost und West" sein.

Die Ost-CDU war mit ca. 218.000 Mitgliedern und etwa einem Viertel der Wählerstimmen bei den Kommunal- und Landtagswahlen 1946 trotz massiver Behinderung eine starke politische Kraft.

Wegen seiner couragierten Einstellung setzte ihn die Sowjetische Militäradministration im Dezember 1947 ab. „Kaisertreue" Vorstandsmitglieder auf allen Ebenen hatten zu resignieren. Kaiser vertrat seine zahlreichen Anhänger nun von Berlin (West) aus. Von 1949 bis 1957 war er Bundesminister für gesamtdeutsche Fragen im Kabinett Adenauer. In diesem Amt unterstützte er die saarländischen Parteien, die 1955 für die Eingliederung ihrer Heimat in die Bundesrepublik Deutschland eintraten. Seine Heimatstadt Hammelburg sah er bei alljährlichen Klassentreffen. Kaiser[28] starb 1961 in Berlin, wo er in einem Ehrengrab bestattet ist. Sein Name bleibt in der Bundespolitik präsent: Das Jakob-Kaiser-Haus in Berlin mit seinen 1.745 Büros nahe dem Reichstag ist das größte deutsche Parlamentsgebäude.

Jakob Kaisers Brüder blieben in Unterfranken und wurden angesichts ihrer Präsenz im öffentlichen Leben gelegentlich das „Hammelburger Kaiserreich" genannt: Der Buchbindermeister Adam Kaiser (1900 bis 1987) trat 1920 der Bayerischen Volkspartei bei und war 1933 deren Vertreter im Stadtrat, anschließend politischer Häftling. Aus der Gestapo-Einzelhaft in Berlin-Moabit wurde er nach vier Monaten in quasi letzter Minute 1945 gerettet. Nach Kriegsende war er Mitgründer der CSU in Hammelburg, 1946 Bürgermeister und von 1948 bis 1970 Landrat des Kreises Hammelburg. Adam Kaiser starb 1987.

Karl Kaiser (CSU) war nach dem Krieg Leiter der örtlichen Raiffeisenbank und amtierte von 1952 bis zu seinem frühen Tod 1957 als Bürgermeister von Hammelburg.

Philipp Kaiser (1886 bis 1963) studierte Theologie in Rom am Germanicum, wo er zum Dr. theol. und Dr. phil. promovierte, und 1911 die Priesterweihe empfing. Er wirkte als Leiter des Bischöflichen Knabenseminars Kilianeum und später als Domkapitular in Würzburg.

Die Schwestern der Kaiser-Brüder waren hochbegabt, doch der damaligen Zeit und den begrenzten finanziellen Möglichkeiten entsprechend konnten sie kein Studium beginnen.

Adam Kaisers Schwiegersohn Winfried Benner, Offizier und Sportpädagoge, referierte über die Familie anlässlich des 150. Geburtstags von Johann Kaiser im Jahre 2004. Die Main-Post schloss den Bericht über seinen Vortrag zu Recht, „natürliche Begabung, Strebsamkeit, Frömmigkeit, Weltoffenheit, soziales und politisches Engagement, Liebe zur Heimat machten die Kaisers zu einer außergewöhnlichen Familie".[29]

---

28 Quellen zu Jakob Kaiser: Hacke, Jens (Hrsg.): Wir haben Brücke zu sein. Reden, Äußerungen und Aufsätze zur Deutschlandpolitik. Köln 1988.

29 Vgl. Ein „Kaiserreich" im Saaletal (mainpost.de)

Im Zusammenhang mit der Politik der frühen Bundesrepublik ist eine tatkräftige Frau aufzuführen: die mit den Kaisers befreundete Maria Probst. 1902 in München als Tochter des späteren Reichsministers und Botschafters Wilhelm Mayer geboren, studierte sie Germanistik und Geschichte (mit Promotion) und war von 1949 bis 1967 direkt gewählte Abgeordnete für den großräumigen Bundestagswahlkreis Karlstadt, der von Bad Neustadt bis weit über Lohr in den Hochspessart reichte. 1951 setzte sie sich mit Erfolg gegen eine Erweiterung des Truppenübungsplatzes Hammelburg durch die US-Army ein, der zur Totalräumung von acht Gemeinden auf 153 Quadratkilometern geführt hätte – von der riesigen landwirtschaftlichen Nutzfläche ganz zu schweigen. Abgesehen von solchen regionalpolitischen Herausforderungen waren die Sozialpolitik und die Aussöhnung mit Frankreich ihre wesentlichen Arbeitsfelder. Der Einsatz von Probst, selbst Kriegerwitwe, galt u.a. der Gleichberechtigung und höheren Kriegsopferrenten. Sie genoss viel Anerkennung unter den Bonner Politikern: So wurde Maria Probst ins Europäische Parlament delegiert und zur Vizepräsidentin des Deutschen Bundestags gewählt. An der Saale war sie Ehrenbürgerin von Gemünden, Hammelburg, Ober- und Untereschenbach, Gauaschach, und Wülfershausen. Ihren Lebensabend wollte sie in Untereschenbach verbringen. Maria Probst, im Volksmund auch „Maria hilf!" und in den Ämtern nicht ohne Respekt „Maria Heimsuchung" genannt, verstarb 1967 im 65. Lebensjahr.

Weit weniger bekannt als die Herkunft der Kaisers ist die Tatsache, dass die Familie Merck ebenfalls aus Hammelburg stammt. Die Mercks verließen das Saaletal und zogen nach Schweinfurt, später nach Darmstadt, wo Friedrich Adolf Merck die Engel-Apotheke übernahm (1668) – die Keimzelle des ältesten pharmazeutisch-chemischen Unternehmens der Welt.

Seit der Enteignung der amerikanischen Vertretung Mercks im Ersten Weltkrieg ist der Konzern in die Merck KG a.A. in Darmstadt und die US-amerikanische Merck Sharp & Dohme (MSD) gespalten.

Feiern und Feste

Das Stadtfest rund um den Marktplatz bietet im Frühjahr Speisen und Wein. Das traditionelle Weinfest zog nach der Corona-Pause im Juli 2022 wieder Einheimische und Auswärtige an.

Anlässlich des Höflesfestes im Spätsommer öffnen die örtlichen Weinproduzenten ihre Höfe und bieten der Öffentlichkeit Wein, Speisen und Musik. Schon lange ist der Ausschank nicht nur auf die einzelnen Höfe beschränkt, sondern findet als zweites Stadtfest auf den Gassen mit Live-Musik statt.

Hier versteckt sich ein Zecher

8

VOM SAALETAL IN DEN WELTRAUM: ERDFUNKSTELLE FUCHSSTADT

8. Vom Saaletal in den Weltraum: Erdfunkstelle Fuchsstadt

Etwa zwei Kilometer östlich des Hammelburger Marktplatzes stehen rund 80 Parabolantennen unterschiedlicher Größe in den Saaleauen.

Pläne der Deutschen Bundespost stießen zunächst auf heftigen Widerstand der Fuchsstädter. [1] Aus der ersten Parabolantenne entwickelte sich eine bedeutende Bodenstation für die Kommunikation mit Nachrichtensatelliten. Die Erdfunkstelle wirkt an der Übertragung satellitengestützter Telefonate, Internet-Verbindungen und Fernsehsendungen mit, auch wenn seit einigen Jahren ein überwiegender Teil des kontinentalen und interkontinentalen Nachrichtenaustauschs über Glasfaserkabel stattfindet. Trotzdem bleibt die Satellitentechnik unverzichtbar, da sie Schiffe und Flugzeuge oder Empfänger in dünn besiedelten Gebieten mit Internet versorgt. „Von Fuchsstadt aus decken wir Europa, Afrika, den Mittleren Osten und Teile Asiens bis nach Südkorea und Japan direkt ab", so der Prokurist der Erdfunkstelle, Wolfgang Frank.[2]

Die erste, sehr große Antenne, 1985 in Betrieb gegangen, ist 42 Meter hoch und hat einen Reflektor-Durchmesser von 32 Metern. Wenige Monate später folgte das zweite, sehr ähnliche Objekt. In den nächsten Jahren kamen kleinere, leistungsstärkere Parabolantennen hinzu.

Auf deutschem Boden bestehen ähnliche, ältere Erdfunkstellen bei Raisting in Oberbayern und bei Usingen im Taunus. Die Wahl fiel auf die Gemarkung Fuchsstadt, weil dieser Standort per Autobahn und Bundesstraße gut erreichbar ist, die Erdbebengefahr nahezu bei Null liegt, funktechnisch störende Industrien oder Hochspannungsleitungen fehlen, und eine natürliche Abschirmung durch Hügelketten vorhanden ist. Darüber hinaus sollte das terrestrische Richtfunknetz möglichst wenig einwirken.

Nach nur 15 Jahren Betriebsdauer schloss die Telekom den Standort, weil eine Zusammenarbeit mit den Erdfunkstellen von France Telecom einen Weiterbetrieb überflüssig machte. 2002 übernahm das amerikanische Unternehmen Intelsat, der zweitgrößte kommerzielle Satellitenbetreiber

1 Vgl. 80 riesige Antennen: Hier funkt Franken ins All | Nordbayern

2 80 riesige Antennen: Hier funkt Franken ins All | Nordbayern

vorherige Seite: *Erdfunkstelle Fuchsstadt*

Blumenmeer vor der Erdfunkstelle Fuchsstadt

der Welt, das Antennenfeld: Der Konzern stellte seitdem zahlreiche weitere Antennen mit einem Durchmesser bis zu 16,40 Metern auf. Die Intelsat Kommunikation GmbH betreibt nach wie vor die Erdfunkstelle, sie beschäftigt hier 30 Personen (2020).

Der dazugehörige Sendemast auf dem Längberg im Abstand von zwei Kilometern ist mit seiner Höhe von 137 Metern (einschließlich Antenne) weithin sichtbar. Er wird gelegentlich als „Rhönspargel" bezeichnet.

Erdfunkstelle Fuchsstadt

„Rhönspargel"

9
KREUZ KAPELLE

9. Kreuzkapelle

Auf der linken Seite der Bundesstraße bei Machtildshausen fällt eine isoliert stehende Kirche auf: die Heilig-Kreuz-Kapelle. In ihrer jetzigen Form existiert sie seit 1730 bis 1733, nachdem sich eine frühere Wallfahrtskirche als zu klein erwiesen hatte. Nach mehreren Einbrüchen ist sie nur ausnahmsweise geöffnet.

Unter der Bundesstraße: Blick vom Dorf Trimberg zur B287

vorherige Seite: *Kreuzkapelle*

10 RUINE TRIMBURG

10. Ruine Trimburg

Codex Manesse Süßkind von Trimberg.
jpg – Wikimedia Commons

Von weitem sichtbar, thront auf dem Hügel genau zwischen Hammelburg und Bad Kissingen die Ruine Trimburg.

Der Name der Trimburg begegnet uns in der deutschen Literaturgeschichte. Süßkind von Trimberg war ein Spruchdichter aus dem dreizehnten Jahrhundert. Die Manessische Liederhandschrift führt zwölf Gedichte von ihm auf und nennt Trimberg als seinen Herkunftsort. Dieser Lyriker (mittelhochdeutsch: Süezkint der Jude von Trimperg) ist der einzige bekannte deutsch-jüdische Dichter des Hochmittelalters. Am 18. September 2022 führte das Süßkind-Ensemble aus Hofgeismar seine Lieder auf der Trimburg auf, „nach weit mehr als 700 Jahren", wie die Zeitschrift „Infranken" schrieb.[1] Hugo von Trimberg (um 1230 bis nach 1313) behandelte in seinem Lehrgedicht „Der Renner"[2] in rund 25.000 Versen die sieben Todsünden der damaligen Stände und der Kirche. Dieses Werk, kurz vor Dantes „Göttlicher Komödie" entstanden, kann zu den bedeutendsten Leistungen der deutschen spätmittelalterlichen Literatur gezählt werden, und ist dennoch sehr wenig bekannt. „Der Renner" bietet des Weiteren Beschreibungen von Speisen, Getränken, Kleidung. Darüber hinaus verfasste Hugo mehrere deutsche und lateinische Abhandlungen, von denen nur wenige überliefert sind. Es wäre meines Erachtens erfreulich, wenn eine vollständige neuhochdeut-

1 Lieder von Süßkind auf der Trimburg (infranken.de).

2 Der renner : Hugo, von Trimberg, ca. 1230-ca. 1313 : Free Download, Borrow, and Streaming : Internet Archive.

vorherige Seite: *Trimburg*

sche Übersetzung erstellt würde. Hugo stammte wohl aus dem Werrntal bei Schweinfurt, starb in Theuerstadt bei Bamberg, und bezog sich zumindest namentlich auf die Trimburg. Süßkind und Hugo waren nicht miteinander verwandt.

Ein steiler, kurzer Pfad führt von der Bundesstraße nahe dem Ortsteil Elfershausen-Trimberg zur Burgruine. Etwa ein Kilometer weiter Richtung Bad Kissingen zeigt ein Wegweiser einen bequemen, aber längeren Zugang an, der mit einem Parkplatz dicht an der Burg abschließt. Die Trimburg ist nur zu Festveranstaltungen geöffnet – zwischen Mai und Oktober laden die Vereine der näheren Umgebung ein, an Sams- und Sonntagen wird gegrillt, Wein und Bier ausgeschenkt, Kaffee und Kuchen angeboten. Jazzfeste und Theateraufführungen stehen als kulturelle Höhepunkte im Terminkalender. Die Burgruine stammt nur zum kleineren Teil – Ringmauern und Bergfried – aus dem Hochmittelalter. Die Würzburger Fürstbischöfe haben ihre Spuren hinterlassen, nachdem sie im dreizehnten Jahrhundert die Burg erhalten hatten. Im Bauernkrieg zerstörten Bauern aus Kissingen und Euerdorf die Anlage. Wer von ihnen die Kämpfe überlebte, wurde zum Wiederaufbau verpflichtet. Im späten sechzehnten Jahrhundert errichtete Fürstbischof Julius Echter von Mespelbrunn hier einen Gebäudetrakt, den „Echterbau".

Nach einer erneuten Zerstörung im Dreißigjährigen Krieg bauten die Fürstbischöfe eine schlossartige Anlage, der damaligen kunsthistorischen Epoche entsprechend: den „Erthalbau". 1803, im Jahre der Säkularisation, verkaufte der bayerische Staat als neuer Eigentümer die stattliche Anlage auf Abbruch: Die Untertanen aus der näheren Umgebung konnten sich Steine, Holzbalken oder Ziegel aus den Ringmauern und den Kerngebäuden kaufen und abholen. König Ludwig I. von Bayern, der sich viel stärker als sein Vater Max Joseph den Franken widmete, war für die „teutsche" Geschichte aufgeschlossen und beendete den Abbau.

In den späten 1930er Jahren planten die Nationalsozialisten, hier eine Eliteschule zu errichten. Der Zweite Weltkrieg beendete das Vorhaben.

Wie kam es zur Auswahl dieses Standorts, obwohl die NSDAP im katholischen Unterfranken relativ wenig Unterstützung gefunden hatte? Einer der frühesten Gesinnungsgenossen Hitlers, Dr. Friedrich Weber, praktizierte nach seiner Haftentlassung aus der Festung Landsberg in Euerdorf als Tier-

Blick ins Saaletal

arzt. Sehr erfolgreich lief eine von ihm betreute Schweinezuchtanlage. Zwischen 1926 und 1933 erhielt er mehrfach Besuch von Hitler, wie Zeitzeugen berichten. 1934 übernahm Weber den Posten des „Reichstierärzteführers" und verließ damit Euerdorf endgültig. Der Schriftsteller Ernst von Salomon erwähnt ihn als Insassen eines amerikanischen Internierungslagers 1945/46: „ein langer hagerer Mann mit kalten grünen Augen und leiser Stimme, zweifellos der einzige Nationalsozialist der Stube".[3]

Weber ist nicht zu verwechseln mit dem Tierarzt Dr. Hansjörg Maurer, der 1923 ebenfalls am Hitler-Putsch teilnahm, sich aber 1926 von Hitler abwandte, zum überzeugten Katholiken wurde und ab 1939 in Euerdorf praktizierte. Ihn setzten die Amerikaner 1945/46 sogar als Bezirkstierarzt in Hammelburg ein. Die Spruchkammer Hammelburg bezeichnete Maurer im Entnazifizierungsverfahren als einen „Träger und Inspirator des Widerstandsgedankens" im Landkreis. Er starb 1959 in Euerdorf.[4]

Zeitweise etablierte sich in der Burgruine eine Sommerwirtschaft, doch nach dem Tod der Pächterin war die Trimburg verlassen (und Vandalismus

3 Salomon, Ernst von: Der Fragebogen, Reinbek 1991, S. 568 (Erstauflage 1951).

4 [4]Träger des Widerstandsgedankens (mainpost.de).

In der Ruine

ausgeliefert), bis sich der Verein der Freunde der Trimburg des Objekts annahm und die Übernahme der Burg durch die Gemeinde Elfershausen im Jahre 1980 bewirkte. Ein gläsernes Wetterschutzdach über dem Echter- und dem Erthalbau sowie der Ausbau von Räumen (Weinstube, Trauungszimmer) stoppte den weiteren Verfall in den letzten beiden Jahrzehnten.

Als Biotop hat die Trimburg einen ähnlichen Nutzen wie die Homburg: Ihre Keller dienen der Mopsfledermaus und dem Große Mausohr als Winterquartiere.

Mit der Trimburg ist eine Sage verbunden: Die Schweden belagerten die Burg im Dreißigjährigen Krieg. Es sah schlecht aus für die Verteidiger, sie hatten soeben das letzte Schwein geschlachtet. Kommandant Tobias Eberlin verfiel auf einen Trick: Er ließ das gebratene Fleisch in eine Kanone stopfen und auf die Schweden schießen. Diese stellten verdutzt fest, dass die Verteidiger keineswegs am Verhungern sein konnten, wenn sie ihren Proviant so verschwendeten – und gaben die Belagerung auf.[5]

Die Trimburg

5 Vgl. Burg Trimburg, Trimberg - Infos, Bilder und mehr – Burgenarchiv.de.

11
AURA AN DER SAALE

11. Aura an der Saale

Kurz vor Euerdorf lohnt es sich, links abzubiegen: Drei Kilometer nördlich liegt das 883-Seelen-Dorf[1] Aura. Es soll unser nächstes Ziel sein.

Die alte Pfarrkirche war ursprünglich eine Klosterkirche der Benediktiner, die sich hier im Jahre 1108 niederließen. Gründer war Otto von Bamberg, ein bedeutender Bischof des Hochmittelalters, der 1189 heilig gesprochen wurde. Erster Abt war Ekkehard von Aura[2] (lat.: Ekkehardus Uraugiensis), dessen Chronik[3] über das frühe zwölfte Jahrhundert eine der wichtigen Geschichtsquellen zu dieser Epoche darstellt. Sie beschreibt v.a. die Salierkaiser Heinrich IV. und Heinrich V. aus päpstlicher Sicht. Ekkehard starb am 20. Februar 1130, so jedenfalls die Aussage einer 1878 angebrachten Gedenktafel aus schwarzem Marmor in der Kirche.

Bauern stürmten das Kloster im Jahre 1525, das in der Folgezeit wieder erstand, aber im Zweiten Markgrafenkrieg erneut zerstört und schließlich 1564 aufgelöst wurde. Abgesehen von der Pfarrkirche sind Mauerreste vorhanden. Ein „Apostelsaal" genannter Raum mit Kreuzgewölbe wird für Ausstellungen genutzt. Im Gegensatz zu ihm erscheint der Kapitelsaal völlig verändert. Lange Zeit als Stall genutzt, dient er heute als Leichenhalle.

Das Gotteshaus, ursprünglich ein romanischer Bau, ist barock ausgestattet. Mit einer gewissen Wahrscheinlichkeit ist Ekkehard hier begraben, ohne dass eine mittelalterliche Inschrift darüber Auskunft gibt. Einen Hinweis auf Ekkehard bietet die Kirche an ganz anderer Stelle. Auf der Turmspitze befindet sich eine Mondsichel (mit auffallender „Nase") anstelle eines Kreuzes: eine Referenz an Ekkehard, der sich als Priester und Chronist im Jahre 1101 am Kreuzzug nach Jerusalem beteiligte.

Die Kirche wird nur ab und zu zu Gottesdiensten genutzt, da der Fußweg für gehbehinderte und alte Menschen anstrengend ist. Daher wurde im Jahre 1971 eine leichter zugängliche Dorfkirche im Zentrum gebaut. Beide sind dem heiligen Laurentius und dem heiligen Georg geweiht.

---

1 Im Landkreis Bad Kissingen: Die meisten Kommunen wachsen (mainpost.de), Stand: 31. Dezember 2022.

2 Ausführlich: W. Pflüger: Einleitung. In: Die Chronik des Ekkehard von Aura, Leipzig 1893. Online: Die Chronik des Ekkehard von Aura (mgh-bibliothek.de)

3 Vgl. Geschichtsquellen: Werk/2098.

vorherige Seite: *Aura*

Das Modell der alten Klosteranlage stammt von Holger Wörner aus Aura

Pfarrkirche, mit Resten des klösterlichen Kreuzgangs (elftes Jahrhundert, restauriert)

Kirchturmspitze ohne Kreuz

Ruine Aura

Kreuzdachbildstock von 1648

Nicht zu verwechseln mit dem ehemaligen Kloster ist die Ruine Aura, die rund einen Kilometer weiter nordöstlich liegt. Hier sollte eine neue Klosterkirche entstehen, doch der Bau wurde nie fertiggestellt: Der Auftraggeber Johann Gottfried von Aschhausen, Fürstbischof von Würzburg, verstarb 1622, und der Dreißigjährige Krieg tat ein Übriges, um jede Bautätigkeit zum Erliegen zu bringen. Die Ruine spricht hingegen romantische Empfindungen an. Adolph von Menzel ließ sich hier zu seinem Gemälde „Touristen in der Burgruine Aura" (1884) inspirieren. Fälschlicherweise ging dieser preußische Realist von einem weltlichen Ursprung des Monuments aus, obwohl an jener Stelle nie eine Burg stand. Auch Otto von Bismarck suchte das Gemäuer auf, als er zu Kuraufenthalten im Saaletal weilte.

Bismarck in der Ruine Aura. Ölgemälde von Holger Wörner

12
EUERDORF

12. Euerdorf

Euerdorf macht keine Ausnahme: In prähistorischer Zeit haben auch hier Menschen ihre Spuren hinterlassen. Das Denkmalschutzamt verweist auf eine Freilandstation aus der mittleren Steinzeit und eine Siedlung aus der-Neusteinzeit. [1]

Das Dorf mit 1502 Einwohnern[2] wurde bereits im Jahre 716 erstmals urkundlich erwähnt und erhielt 1430 das Marktrecht. Der Name ist offenbar von Ortsgründer Uro abgeleitet. Die Stadtmauer aus der Zeit Bischofs Julius Echter von Mespelbrunn ist in Teilen an der Färbergasse, der Bahnhofstraße, der Gerbergasse und der Hammelburger Straße vorhanden, und vor allem das dreigeschossige Kissinger Tor aus dem fünfzehnten Jahrhundert mit seinem Treppengiebel und dem spitzbogigen Durchgang ist sehr gut erhalten.

Mehrere Gebäude aus dem sechzehnten Jahrhundert, wie das frühere Amtshaus des Würzburger Domkapitels in der Gerichtsgasse 22, und das ehemalige Amtsgericht (1822, klassizistisch) sind als wichtigste säkulare Baudenkmäler zu nennen.

Das Gebäude-Ensemble an der Hammelburger Straße stammt aus dem achtzehnten und neunzehnten Jahrhundert. Mehr als auffallend ist der Gasthof „Zum Lamm" aus dem sechzehnten Jahrhundert, verändert im Jahre 1798: ein dreigeschossiger Massivbau mit Fachwerkobergeschoss und Treppengiebeln. Standort: Schweinfurter Str. 5.

Die alte Saalebrücke, die von der Bundesstraße aus gesehen werden kann, stammt aus dem sechzehnten Jahrhundert. Eine Erweiterung um zwei kleinere Bögen erfolgte 1740. Auf ihr befindet sich ein Standbild des heiligen Nepomuk, laut Inschrift von 1713.
Die amtliche Denkmalliste führt 41 Baudenkmäler auf.[3]

Das Museum Terra Triassica im alten Forsthaus (Gerichtsgasse 22) zeigt Versteinerungen aus der erdgeschichtlichen Epoche des Trias: Sie sind demnach 200 bis 250 Millionen Jahre alt. Es geht dabei aber nicht nur um eine

---

1 denkmalliste_merge_672122.pdf (bayern.de) .

2 Im Landkreis Bad Kissingen: Die meisten Kommunen wachsen (mainpost.de) , Stand: 31. Dezember 2022.

3 denkmalliste_merge_672122.pdf (bayern.de)

vorherige Seite: *Amtshaus, Jagdschloss und altes Forsthaus*

Kissinger Tor

Ortskern: Marktplatz

Gasthofschild

Alte Saalebrücke

Präsentation von Fossilien, sondern um eine wissenschaftliche Annäherung an einen Abschnitt des Erdmittelalters: „Terra Triassica bleibt auch weiterhin eine örtliche Forschungseinrichtung. Noch immer suchen und finden die Hobbypaläontologen neue Fossilien, die sie in der eigenen Präparierwerkstatt im alten Forsthaus aufarbeiten. Dabei lassen sie sich auch über die Schulter schauen. Vorführungen und Kurse sind in der Werkstatt möglich"[4]. Die Dauerausstellung ist vom 1. April bis zum 31. Oktober an Wochenenden und Feiertagen von 14.00 bis 17.00 Uhr geöffnet. Die Museums-Website enthält zahlreiche weiterführende Informationen zur Literatur, zu regional und überregional bedeutsamen Wissenschaftlern und zu einzelnen prähistorischen Tierarten. Wer das Thema Erdgeschichte mit einer weiteren, längeren Wanderung verbinden möchte, kann den Geologischen Lehrpfad Bayern Nr. 151 zwischen Bad Kissingen nahe Heiligenhof bis zum Museum Terra Triassia begehen. Auf einer Strecke von siebeneinhalb Kilometern erläutern Informationstafeln an elf Stationen die Flora und Fauna der vergangenen 477 Millionen Jahre. Im Wald zwischen Euerdorf und Bad Kissingen befindet sich eine Museums-Außenstelle: die „Saurierfährten". „Das Bayerische Landesamt für Umwelt zeichnete die Euerdorfer Saurierfährten als eines der hundert schönsten Geotope Bayerns aus. Nirgends sonst sind in Bayern Saurierspuren am Fundort so großflächig zu sehen. Während der Entstehung des Buntsandsteins vor 240 bis 250 Millionen Jahren liefen hier Archosaurier und Vorläufer der Dinosaurier durch einen flachen Uferbereich und hinterließen Fußabdrücke" (Museums-Website)[5]. Sie wurden im Jahre 2007 gefunden. Im Winter sind die Trittsiegel durch Folien abgedeckt.

Wer an Geologie interessiert ist, dem sei der Panoramaweg Wein und Stein auf dem anderen, dem südlichen Hang über der Saale empfohlen. Auf einer Länge von zwölf Kilometern werden Einblicke in Buntsandstein- und Muschelkalkschichten geboten. Zugleich erstreckt sich hier, bei Euerdorf-Wirmsthal, die nördlichste Weinbaufläche Frankens.

---

4 Sammlung und Werkstatt | Terra Triassica (terra-triassica.de).

5 Aussenstationen des Museums (Geo-Punkte) | Terra Triassica (terra-triassica.de).

Saurierspuren

Exkurs: „A weng Dialegd“

Klar, es wird „unnäfränggisch“ und flussaufwärts von Bad Kissingen „groabfeldisch“ gesprochen. Typisch ist die „weiche“ Aussprache der Konsonanten t und p als d und b. Ebenso auffällig ist das Fehlen der Endung beim Infinitiv, z.B. statt „Ich werde schreiben“: „Ich werd schreib“. Originell auch die eigentlich unpassende Vorsilbe ge-, wenn im Präsenz gesprochen wird („Ich kann früh kei Wurst ge-ass“ statt „Ich kann morgens keine Wurst essen“; aufgeschnappt nahe Fuchsstadt).

Der Dialekt wird sicher nicht so oft angewandt wie etwa das Niederbayerische oder Oberpfälzische in Ostbayern. Es ist eher die Sprachmelodie, an der die Unterfranken erkannt werden können. Die „Main-Post“ stellte in den Jahren 2011/2012 einige Dialektausdrücke aus dem Landkreis Bad Kissingen Woche für Woche in einer Serie („Wördlich“) vor. Dazu hatte die Zeitung Leserzuschriften gesammelt: Welche Ausdrücke heben sich vom Hochdeutschen ab und erscheinen besonders originell? So bedeutet „Döggele“ in Hammelburg nicht etwa „Hündchen“, sondern „Püppchen“ oder „schöne Frau.“ Ebenfalls aus Hammelburg ist „Schinoos“ als Bezeichnung für eine freche, durchtriebene Frau überliefert. Es ist nichts anderes als die „fränggische“ Aussprache von „Schindaas“: gleichbedeutend mit „Schindluder“. Aus Euerdorf schickte jemand den Ausdruck „Beddlällich“ zu: Betttuch, Battlaken. Auch dem althochdeutschen „lachan“ wurde das neuhochdeutsche „Laken“ und im örtlichen Dialekt „lällich“.[6]

Neck- und Uznamen sind keine saalefränkische Spezialität, aber auch hier verbreitet. Gemeint ist ein gelegentlich derber, manchmal eher harmloser Spitzname für die Bewohner der benachbarten Dörfer und Kleinstädte.

Angesichts der Zuzüge aus anderen Gegenden sind viele dieser Begriffe heute weniger verbreitet und der jungen Generation manchmal fremd.

Die Wolfsmünsterer hatten einst den Spitznamen „Pfloasterstee“, weil die Gemeinde, durch den Brückenzoll an der Saale reich geworden, ihre Gassen mit Pflastersteinen belegen konnte.

Die Hammelburger sind traditionell als „Waddelich“ bekannt. Der Name soll dem allmorgendlichen Ausspruch einer gewissen Eva entlehnt sein,

---

6 Dialektwörter gesucht (mainpost.de) , Serie Wördlich: Schinoos (mainpost.de), Serie Wördlich: Döggele (mainpost.de), Serie Wördlich: Beddlällich (mainpost.de).

die im Hüterturm lebte und beim ersten Blick nach draußen stets fragte, „Wos hom mer denn heut für Waddele?"- „Waddele" heißt: Wetter.[7] Offenbar ist der Ausdruck „Waddelich" weit vom Aussterben entfernt, zumal er schon mal im Netzauftritt des 1. FC Hammelburg oder als Zitat in einer örtlichen Theateraufführung auftaucht, ebenso als Name einer Hammelburger Dart-Mannschaft.

Offenkundig ist hingegen das, was die Westheimer einst ausmachte – Gänsezucht an der Saale: „Gänswürcher" werden sie genannt.

Zwar ist der Fuchs das Wappentier von Fuchsstadt (im Dialekt: Fuscht), doch gibt es ein zweites Symboltier: Die Eule grüßt vom Kopf des farbigen Gemeindeblättchens „Eulenbote", und der Sportverein 1. FC 1928 Fuchsstadt hat diesen Vogel in seinem Wappen. Der Verein Fuschter Eul's, seit 30 Jahren bestehend, trifft sich nicht nur der Geselligkeit wegen, sondern ist karitativ im Einsatz: Während der Corona-Zeit bot er an, für ältere und immunschwache Einwohner Einkäufe zu erledigen.[8]

Mit Blick auf die Heilquelle, der Rakozybrunnen, haben die Kissinger den Spitznamen „Ragoozibrunzer", und die Münnerstädter sind die „Näichelsieader" (sie sollen einer Sage zufolge unbrauchbare Nägel gekocht haben, um sie wieder beweglich zu machen; Schildbürgerei auf fränkisch).[9]

---

7 Nachts in Hammelburger Weinkellern (mainpost.de).

8 Fuschter Eul´s e.V. 1991 - Homepage - 97727 Fuchsstadt - www.fuschtereuls.de.

9 Brunnen noch kein echter Blickfang (mainpost.de) ; Ortsnecknamen: Die Lust am Spott (mainpost.de). Ausführliches Uznamen-Lexikon: https://unterfraenkisches-dialektinstitut-wue.de/projekte/ortsnecknamen-in-unterfranken/. Fritz-Scheuplein, Monika [a.]u.: Dreidörfer Narrn stehn auf drei Sparrn. Ortsnecknamen in Unterfranken. Würzburg: Königshausen und Neumann, 2012.

13
BAD KISSINGEN

13. Ein Bayerisches Staatsbad und (ehemaliges) Weltbad: Kissingen
(Dialekt: Kissinga)

Ich fühle mich hier heimisch,
ich liebe Kissingen und betrachte es
als meine zweite Heimat"[1]
Otto von Bismarck

Golfplatz an der Saale

1 Otto von Bismarck, zitiert nach Werner Eberth: Bismarck und Bad Kissingen. Bad Kissingen 198, S. 5. Dieser Band, vom Kissinger Heimatforscher Eberth herausgegeben, enthält zahlreiche Zeitungsartikel aus der Bismarck-Zeit, die als wertvolle Quellen genutzt werden können, gerade auch zur Frage der Bismarck-Verehrung.

vorherige Seite: *Blick von der Botenlaube auf Bad Kissingen: In der Bildmitte der Flugplatz*

Wieder zurück auf der B 287, geht es parallel zur Fränkischen Saale am ältesten Golfplatz Bayerns (seit 1911) vorbei nach Bad Kissingen. Zum 31. Dezember 2022 zählt Bad Kissingen 23.380 Einwohner, die Hälfte davon lebt im Stadtkern.[2]

Ein US-amerikanischer Außenminister und Nationaler Sicherheitsberater, einer der bekanntesten Politiker und Politikwissenschaftler seiner Zeit, trägt Bad Kissingen in seinem Namen: Henry A. Kissinger, als Heinz Alfred Kissinger 1923 in Fürth geboren und aufgewachsen. Ein Vorfahre Kissingers, Meyer Löb aus Kleineibstadt (nahe Bad Königshofen an der Fränkischen Saale), wirkte als Lehrer in Kissingen. Als ein bayerisches Edikt die Juden im Königreich verpflichtete, feste Familiennamen anzunehmen, wählte er im Jahre 1817 den Namen Kissinger. Später zog er nach Rödelsee bei Kitzingen. Henry, der Friedensnobelpreisträger von 1973, ist sein Ur-Urenkel.

Das Landesamt für Denkmalpflege führt zum 31. Mai 2023 für Bad Kissingen 394 Baudenkmäler auf, angeführt vom Ensemble Altstadt mit Kurviertel.[3] Weitere denkmalgeschützte Ensembles im Stadtkern: Frühlingsstraße/ Von-der-Tann-Straße und Hartmannstraße/Erhardstraße/Bibrastraße mit spätklassizistischen, historistischen und Jugendstil-Bauten aus den „goldenen Jahren" zwischen 1880 und 1914.

Da im Rahmen dieses Buches nicht alle vorgestellt werden können, konzentrieren wir uns auf einige Objekte im Stadtkern, ergänzt um die von weitem sichtbare Burgruine Botenlaube im Stadtteil Reiterswiesen.

Kurviertel

Das historische Kurgelände besteht aus Regentenbau, Arkadenbau, Kurgarten Wandelhalle/Brunnenhalle sowie dem Luitpoldbad auf der anderen, der westlichen Seite der Saale. Hier traf sich zwischen 1840 bis 1914 die Oberschicht Europas zur Erholung.

Der Rosengarten erstreckt sich auf einer Fläche von zweieinhalb Hektar zwischen der Saale im Westen, der Balthasar-Neumann-Promenade im Osten, der Ludwigsstraße im Süden und den Saaleauen im Norden. Er wurde

2 Im Landkreis Bad Kissingen: Die meisten Kommunen wachsen (mainpost.de).

3 denkmalliste_merge_672114.pdf (bayern.de).

An der Saalebrücke Richtung Kurviertel mit Regentenbau

im frühen zwanzigsten Jahrhundert eröffnet, um den Einheimischen einen Zugang zum Park zu verschaffen, während der Kurgarten den Kurgästen vorbehalten war. Seit der Neubepflanzung 2016 gedeihen hier 12.000 Rosenstöcke. Über die Zahl der Rosensorten finden sich unterschiedliche Angaben: „gut 125"[4], 155[5] oder gar 330[6].

Ein beliebtes Fotomotiv ist die fächerförmige Fontäne, die im Sommer abends bunt beleuchtet wird. Darüber hinaus projizieren Beamer-Shows montags, mittwochs, freitags und samstags nach Anbruch der Abenddämmerung „stimmungsvolle Bilder und Shows auf eine Leinwand aus Millionen von Wassertröpfchen". Motive: „Rosen", „Raum und Zeit", „Bad Kissingen klingt" (die Wasserfontäne „tanzt" im Rhythmus der Musik) und „Portal".[7]

Am Rosengarten befindet sich eine von zwei Anlegestellen der Saaleschifffahrt GmbH. Im Sommerhalbjahr fahren üblicherweise „Dampferle", wie der Kissinger Volksmund sagt, von hier zwei Kilometer flussaufwärts zur Oberen Saline und wieder zurück. Tatsächlich werden sie von Dieselmotoren angetrieben. Das eine Boot, „Kissingen" genannt, stammt bereits aus dem Jahre 1924, das andere, die „Saline", von 1964. Mit der „Normalisierung" des öffentlichen Lebens nach der Corona-Eindämmung sind die „Dampferle" im Jahre 2023 wieder unterwegs.

Südlich der Ludwigsstraße schließt sich ein Wahrzeichen der Stadt an: der Regentenbau. Die neobarocke Anlage, von 1911 bis 1913 errichtet, befindet sich zwischen Saale und Kurgarten. Der Regentenbau ist nach seinem Auftraggeber, Prinzregent Luitpold von Bayern (1821 bis 1912), benannt.

Architekt war der Münchner Max Littmann. Eine Bad Kissinger Firma führte die Bauarbeiten aus.

Das großzügige, noch immer imponierende, prächtige Sandstein-Bauwerk passt zum Anspruch des damaligen Weltbads: Es fällt leicht, sich in den verschiedenen Sälen die Konzerte und Bälle der Oberschicht aus der „Welt von gestern" (Stefan Zweig) vor dem Ersten Weltkrieg vorzustellen. Der Regentenbau enthält 14 repräsentativ gestaltete Räume.

---

4 Rosengarten Bad Kissingen | Freizeit genießen | Bad Kissingen.

5 Rosengarten (kissingerhimmel.de).

6 Bad Kissingen -- Deutschlands bekanntester Kurort – YouTube.

7 Bayerisches Staatsbad Bad Kissingen: Wasserzauber im Rosengarten (Faltblatt), online: Multimedia-Brunnen | moderner Wasserzauber | Bad Kissingen.

Rosengarten

Regentenbau

Der größte ist der Max-Littmann-Saal, 36 Meter lang und 16 Meter hoch. Die Verkleidung der Wände aus Kirschbaumholz mit Intarsien aus Elfenbein unterstützt die ausgezeichnete Akustik. Ein Besucher lobte ihn im Januar 2020 als einen „der besten Konzertsäle der Welt"[8]. Mit dieser Meinung steht er nicht alleine: Die Tageszeitung „Die Welt" hielt ihn für den fünftbesten Konzertsaal weltweit, der britische Dirigent Sir Roger Norrington nannte ihn einen der drei besten im internationalen Vergleich. Es verwundert daher nicht, dass hier CD-Aufnahmen mit symphonischen Werken von Brahms, Bruckner und Schubert entstanden. Die Oper „Merlin" von Carl Goldmark und die Große Messe (Johann Ritter von Herbeck) erlebten hier ihre erste Einspielung. Bis zu eintausend Musikfreunde finden Platz. Zu den Veranstaltungshöhepunkten der jüngeren Zeit gehörte die Aufführung des exakt hundert Jahre alten Horrorfilmklassikers „Nosferatu" am 23. April 2022, die Staatsbad Philharmonie Bad Kissingen spielte dazu live die Originalpartitur des Komponisten Hans Erdmann.

Auch der Grüne Saal mit bis zu 120 Sitzplätzen wird für Musikaufführungen genutzt.

8 Regentenbau (Bad Kissingen) - 2023 Lohnt es sich? (Mit fotos) (tripadvisor.de).

Max-Littmann-Saal

Max-Littmann-Saal

Grüner Saal

Der Weiße Saal mit einer Fläche von etwa 150 Quadratmetern eignet sich für Tagungen und Festlichkeiten, z.B. Hochzeitsfeiern. Das Sonnenlicht fällt durch hohe Fenster auf die weißen, stuckverzierten Wände und Spiegeltüren. Kristalllüster runden das Rokoko-artige Gesamtbild des Weißen Saals ab.

Im Süden schließt sich direkt an den Regentenbau der Arkadenbau an. Die ursprünglich dreiflügelige Anlage aus gelbem Sandstein entstand 1834 bis 1838 als Auftrag des bayerischen Königs Ludwigs I. Der Entwurf stammte von dem bevorzugten Architekten Ludwigs, Friedrich von Gärtner.

Wer den Arkadenbau betritt, sieht zur linken Seite die Touristik-Information. Mit dem Rossini-Saal ist hier seit 1883 ein Konzert- und Tagungssaal von 390 Quadratmetern Fläche vorhanden. Er ist aus gutem Grund nach dem bedeutenden italienischen Opernkomponisten benannt: Gioachino Rossini weilte im Juli und August 1856 mit seiner Frau in Bad Kissingen. Mancherlei musikalische Ideen hat er sich hier notiert. Ob er sie weiter ausgebaut und veröffentlicht hat, ist eine andere Frage.

Vor dem Hauptgebäude des Arkadenbaus befindet sich im Kurgarten eine Marmorstatue Ludwigs I., gestaltet von dem Bildhauer Konrad von Knoll 1891.

Später, in den Jahren 1910 bis 1913 wurde der Arkadenbau um einen weiteren Flügel Richtung Brunnen- und Wandelhalle ergänzt.

Die Brunnen-/Wandelhalle

Der Bau der Wandelhalle 1910/11 unterstreicht die Bedeutung Bad Kissingens in der Zeit der Monarchien: Sie hat die Form einer Basilika mit einem Längsschiff (90 Meter lang) und einem Querschiff (70 Meter lang). Damit ist sie die größte Wandelhalle Europas. Die Denkmal-Experten Chevalley und Gerlach bringen es wohl am treffendsten auf den Punkt, wenn sie schreiben, der Bau sei dem „klassizierenden Spätjugendstil [des Architekten] Littmanns verpflichtet".[9] Hier werden vormittags und nachmittags, außer am Montag, Kurkonzerte angeboten. Bis zu 700 Sitzplätze sind vorhanden.

9 Chevalley, Denis A./Gerlach, Stefan. Stadt Bad Kissingen (Denkmaltopogrtaphie Bundesrepublik Deutschland. Denkmäler in Bayern, Bd. 75). München 1998, 20.

Weißer Saal

Der Schmuckhof mit seinen Wandmalereien, zwischen den Sälen gelegen, eignet sich für Hochzeitsfeiern und Konzerte.

Mediterranes Flair im Kurgarten

Der Kurgarten bei wechselhaftem Wetter

Der König vor dem Arkadenbau

Nach dem Zweiten Weltkrieg war die Wandelhalle eine Reparaturwerkstatt für US-Militärfahrzeuge untergebracht. Zweckentfremdung hat viele Gesichter.

An die Wandelhalle schließt sich die Brunnenhalle an. Das Wasser kommt aus den eingefassten Quellen Pandur und Racoczy. Das Racoczy-Wasser ist stark salzig, mit bitterem Beigeschmack, bei einer Temperatur von rund elf Grad. Das Pandur-Wasser ist etwas weniger salzig und stärker kohlensäurehaltig. Eine medizinische Dissertation von 1877 nennt die heilende Wirkung des Wassers bei Erkrankungen der Verdauungsorgane, der Atmungsorgane, Niere, Blase, Frauenkrankheiten und sogar bei einem Fall von Impotenz – freilich ist das Trinken des Wassers nur ein Teil der Behandlungen, zu denen auch eine genau festgelegte Ernährung gehört.[10]

Die historischen Kuranlagen wurde in den vergangenen drei Jahrzehnten renoviert, insbesondere die technische Ausstattung (Heizung).

10 Die Trinkquellen von Kissingen und Bocklet und das Kissinger Bitterwasser. Med. Diss., Würzburg 1877.

Wandelhalle

Brunnenhalle

Zwischen Arkadenbau und Brunnenhalle

Luitpoldpark mit Luitpoldbad

Weiter südlich bzw. saaleabwärts führt der Weg in den Luitpoldpark, benannt nach dem Prinzregenten. Er ist mit zahlreichen alten, teilweise seltenen Bäumen im Stil eines englischen Landschaftsparks gehalten und misst 120.000 Quadratmeter. Im Sommer finden hier Open-Air-Konzerte statt, z.B. ein Auftritt Roland Kaisers vor 5.500 Fans im August 2022.

An der Nordseite befindet sich das Luitpoldbad, 1868 bis 1871 als dreiflügeliger Neorenaissancebau von einhundert Metern Länge und 80 Metern Breite errichtet. Architekt war der Münchner Albert Geul.

Nach Erweiterung und Aufstockung 1902 bis 1906 ist das Gebäude nach dem damaligen Bauherren Prinzregenten Luitpold, der wie sein Vater Ludwig I. ein Förderer der Kurstadt war, benannt. Mineralwasser- und Moorbäder kamen in diesem größten Badehaus Europas zur Anwendung.

Hier betreibt der Freistaat Bayern die älteste seiner acht Spielbanken: Die erste Konzession eines Casinos in dieser Stadt datiert von 1796. Die Spielbank war lange Zeit privat betrieben worden und ging 1961 in den Besitz des Freistaats über. Seit 1968 befindet sie sich im Bau des Luitpoldbades. Die Direktion zählte im Vor-Corona-Jahr 2019 etwa 61.500 Besucherinnen und Besucher.

Der Badebetrieb endete allmählich, als die medizinischen Anwendungen in Hotels, Sanatorien und Praxen verlagert worden waren und die Kurgäste nicht mehr den Weg zu einem zentralen Badehaus nehmen mussten. So stand das Luitpoldbad mit seinen ursprünglich 286 Badekabinen ab den frühen 1970ern größtenteils leer und verfiel. Der Umbau in den Jahren 2012 bis 2017 brachte eine völlig andere Nutzung mit sich: Schreibtische statt Badewannen, Computer statt Wasserhähne! Im Luitpoldbad-Gebäude befinden sich Behörden wie beispielsweise die Finanzkasse Bad Kissingen und die Bayerische Staatsbad Bad Kissingen GmbH (früher: Kurverwaltung). Die Büros sind streng funktional und modern, der Flair des frühen zwanzigsten Jahrhunderts besteht dennoch: Ein Prunktreppenhaus und zwölf Jugendstil-Glasfenster erinnern an Weltbad-Zeiten. Der Innenhof kann für Konzerte genutzt werden. Im Jahre 2020 ging der Bayerische Denkmalpreis in Silber nach Bad Kissingen. Damit würdigte das Landesdenkmalamt und die Ingenieurekammer-Bau Erhaltung und Umbau des Luitpoldbads zum Behördenzentrum. Der Architekt Christian Teichmann,

Luitpoldpark

Luitpoldbad

verantwortlich für die Sanierungsarbeiten den genannten historischen Bauten, resümiert:

> Bei jedem einzelnen Bauwerk, das heißt Wandelhalle, Regentenbau, Luitpoldbad etc. waren jeweils etwa 100 Handwerker und rund 30 Büros und Ämter involviert. Da muss man wie bei einem Orchester schauen, dass jeder sein Können gezielt einsetzt. Aber auch die psychologische Komponente ist wichtig. Ein Architekt muss nicht nur das Orchester, sondern auch die Öffentlichkeit mitnehmen, um am Ende Beifall zu bekommen.[11]

Das mexikanisch-kubanische Restaurant „La Canchanchara" im Erdgeschoss bietet Cocktails und Tortillas, Salate, Steaks. Von der Terrasse geht der Blick der Gäste zum Standbild des bayerischen Königs Maximilian II. Joseph (1811 bis 1864). Das Marmormonument stammt aus dem Jahre 1865. Der Bildhauer war ein Einheimischer: Michael Arnold (1824 bis 1874), der in Münnerstadt am Gymnasium als Zeichenlehrer wirkte, ab 1855 die Kissinger Zeichenschule leitete, und in ganz Deutschland Aufträge wahrnahm. Er verstarb in Bad Bocklet.

König Max II. Joseph

Luitpoldbad

11 Bad Kissingen: Wie ein kreativer Architekt und viele schlaue Köpfe alte Baukunst mit pfiffigen Ideen aufhübschten (mainpost.de).

Theater

Anwendungen waren nicht alles: Wenn sich Europas Elite ein Stelldichein am Rande der Rhön gab, wollte sie anspruchsvolle Unterhaltung genießen. Bühnenaufführungen in vergleichsweise einfachen Räumlichkeiten gab es seit 1787. Ein neuer Bau im Schweizerhaus-Stil entstand 1856 in der Von-der-Tann-Str. mit 400 Sitzplätzen, aber ohne weitere Aufenthaltsräume, d.h. ohne angemessenes Foyer. Das Gebäude, teilweise aus Holz errichtet, war in den nächsten Jahrzehnten mit dem Brandschutzvorschriften nicht mehr vereinbar. So war es kein Zufall, dass das Königreich Bayern ein neues Theater aus Sandstein in den Jahren 1904/1905 an Stelle des bisherigen Schauspielhauses errichten ließ – Architekt war Max Littmann, der Planer des Regentenbaus. Im Inneren ist es im Jugendstil gestaltet. 538 Personen fanden Platz. Nachdem bisher das Würzburger Theaterensemble im den Sommermonaten hier auftrat, wirkte fortan ein eigenes Ensemble. Nach dem Zweiten Weltkrieg war ein weiterer Betrieb nur als Gastspieltheater möglich, denn die Finanzkraft der Kurgäste war gesunken. Es bleibt festzuhalten, dass hier viele namhafte Darstellerinnen und Darsteller auftraten, wie Maria Schell, O.W. Fischer und Curd Jürgens, später Günter Strack und Volker Lechtenbrink sowie die Sänger Rudolf Schock und René Kollo.

Historischer Stadtkern

Das Alte Rathaus am Marktplatz 12 aus dem Jahre 1577 ist seit 1928 nicht mehr Sitz des Oberbürgermeisters und der Stadtverwaltung. Vielmehr bietet der Renaissance-Bau auf einer Fläche von 320 Quadratmetern Platz für wechselnde Ausstellungen zu Kunst und Stadtgeschichte. Der historische Sitzungssaal kann für Veranstaltungen und standesamtliche Trauungen gebucht werden.

Der Weg über die Badgasse führt zum Rathausplatz, wo die Stadtverwaltung im Neuen Rathaus ihren Sitz hat. Johann Dientzenhofer entwarf das Neue Rathaus zwischen 1707 und 1710 als Adelssitz für Heinrich Christoph Heußlein von Eußenheim. Während dieser Bauherr eher von lokalem Rang war, ist Dienzenhofer den führenden fränkischen Architekten zuzuordnen: Er plante unter anderem Schloss Weißenstein bei Pommersfelden und leitete den Bau von Schloss Löwenstein in Kleinheubach. Ungefähr zur gleichen

Altes Rathaus

Zeit schuf er mit seinen Mitarbeitern den Dom und das Stadtschloss zu Fulda. Der Innenausbau zog sich bis weit in die zweite Hälfte des achtzehnten Jahrhunderts hin. Die Nachfahren der Herren von Heußlein verkauften das zweigeschossigen Palais mit Mansarddach und hohem Sockelgeschoss im Jahre 1928 an die Stadt.

Am Rathausplatz 5 fällt ein Haus wegen seiner Fassadenmalerei auf. Die historisierende Wandmalerei des Kissinger Künstlers Albert Helm zeigt bunt bekleidete Handwerker: einen „festlichen Umzug der Zünfte anno 1750", so die Inschrift. Sie stammt aus dem Jahre 1961 und ziert die Stadtbücherei. Bei diesem Bauwerk handelt es sich um die ehemalige Mittelmühle, die laut Türsturz im Jahre 1797 fertiggestellt worden ist. Der Bach, der die Mühle antrieb, liegt unter den Straßenpflaster. Schon lange zuvor, im sechzehnten und siebzehnten Jahrhundert, war an dieser Stelle eine Badstube eingerichtet.

Von der Wehrhaftigkeit der Stadt mit ihren (anfangs) 14 Türmen, die das Wappen so eindeutig veranschaulicht, ist heute wenig zu erkennen: Die einstige Stadtbefestigung (dreizehntes Jahrhundert) wurde um 1820 abgerissen, nachdem die napoleonischen Kriege vorüber waren und mit der Gründung des Deutschen Bundes eine ungewohnt lange Friedensepoche begonnen hatte. Ein einziger Turm ist in der Turmgasse erhalten geblieben:

„Wir sind Welterbe!": Rathaus

Stadtbücherei mit Minnesängerbrunnen

Er fand im Jahre 1850 eine neue Aufgabe als Feuerwachturm.

Am Eisenstädter Platz ist eine frei stehende Mauer zu sehen, an anderen Stellen sind Mauerreste in Neubauten aufgegangen.

Gradierwerk, Untere und Obere Saline

Zu einer Stadt, die gewissermaßen auf salzhaltigen Quellen aufgebaut ist, gehörte ein Gradierwerk. Bad Kissingen besaß ein Stroh-Gradierwerk aus dem sechzehnten Jahrhundert – das erste in den deutschen Landen. Das Stroh wurde später, wie in anderen Salz-Orten üblich, durch Bündel aus Schwarzdorn ersetzt. Der jetzige Gradierbau im nördlichen Stadtteil Hausen aus den Jahren 1993/94 ist ein teilweiser Nachbau der alten Anlage, die wegen Baufälligkeit abgerissen werden musste. Die ursprüngliche Saline erstreckte sich auf einer viel größeren Fläche entlang der Saale.

Der Würzburger Fürsterzbischofs Franz Ludwig von Erthal ließ hier im Jahre 1788 eine dreiflügelige Anlage errichten,

Feuerwachturm

Gradierwerk

Gradierwerk im Detail

bestehend aus Sudhaus, Magazingebäude und Wohnhaus des Salineninspektors.

Die Geschichte der Salzgewinnung reicht zurück bis zu den Karolingern: mindestens bis in das Jahr 823. Fast genau eintausend Jahre später versiegte der „Reiche Brunnen", den Neubohrungen geschädigt hatten. Allmählich gewann der Heilbetrieb eine größere Bedeutung als die Salzgewinnung.

Ein Technikdenkmal befindet sich in unmittelbarer Nähe zum Gradierwerk: das turbinenbetriebene Pumpwerk von 1848.

Industriedenkmal: Gusseiserne Freipumpe

Die Bismarck-Stiftung unterhält Museen zu Ehren des ersten Reichskanzlers an seinem Geburtsort Schönhausen und dem Sterbeort Friedrichsruh. Im Stadtteil Hausen, Obere Saline, ist dem wirkmächtigen Preußen eine weitere Dauerausstellung gewidmet, denn dort verbrachte der großgewachsene, unter verschiedenen (psychosomatischen) Krankheiten leidende Bismarck zwischen 1876 und 1893 seine 15 Kuraufenthalte – nicht zuletzt, um sein überhöhtes Gewicht unter Kontrolle zu bekommen.

Vorausgegangen war eine Sommerfrische in der Stadtmitte 1874, die ein Attentat überschattete. Die leichte Verletzung beeindruckte Bismarck wenig, denn sein „Geschäft" brächte „derartiges eben so mit sich". Der Pistolenschütze war kein Saale-Franke, sondern ein katholischer Magdeburger, der aus Protest gegen den Kulturkampf zur Waffe griff. Im städtischen Bismarck-Museum ist das originale Interieur der damaligen Kanzler-Wohnung zu sehen. Eine Ausstellung informiert über Bismarcks Außenpolitik. In diesen Räumlichkeiten entstand Bismarcks Denkschrift „Kissinger Diktat" (1877), in der er eine defensive, auf Frieden bedachte außenpolitische Maxime für das Reich entwarf. [12] In der Stadt traf er sich mit Diplomaten (u.a. dem Nuntius Masella) und Amtsträgern, denn als Reichskanzler war er mehr oder weniger immer im Dienst; so gab es aus gutem Grund eine direkte Telegrafenlinie nach Berlin. Ehefrau und Tochter oder Sohn begleiten ihn. Die Neue Freie Presse, eine Qualitätszeitung aus Wien, formulierte anlässlich Bismarcks Ankunft in Kissingen 1874: „Seit gestern Mittags ist der Schwerpunkt des deutschen Reiches nach Kissingen verlegt. So lautet die Parole, welche heute Morgens beim ersten Becher Racoczy auf der Promenade ausgegeben wurde und gegenwärtig von Mund zu Mund geht (...) Fünf bis sechs Wochen lang soll sein Aufenthalt bei den Kissinger Thermen nach den vorläufigen Dispositionen währen. (...)"[13].

Ein weiteres Museum im gleichen Haus widmet sich der Geschichte der Heilquellen, der Kurmedizin und der Blütezeit Kissingens im neunzehnten Jahrhundert. Dazu gehört die Darstellung, welche Freizeitmöglichkeiten sich den anspruchsvollen Gästen boten. Eine andere Dauerausstellung widmet sich der Salzgewinnung in Bad Kissingen, die 1968 nach rund eintausend Jahren eingestellt wurde.

Am Hang des Sinnbergs steht ein 17 Meter hoher Bismarckturm: einer von ursprünglich über 200 Türmen zu Ehren Bismarcks auf den Gebiet des damaligen Deutschen Reichs. Der örtliche Bismarckturmverein initiierte den Bau im Jahre 1905. Der Erste Weltkrieg unterbrach die Arbeiten, so dass das Richtfest erst 1926, acht Jahre nach dem Ende des Kaiserreichs, gefeiert werden konnte. Es war ironischerweise das Jahr, in dem Deutschland dem Völkerbund beitrat und mit Stresemanns Außenpolitik eine Entkrampfung der deutsch-französischen Beziehungen in Gang gekommen war.

---

12 Bad Kissingen: Wie ein kreativer Architekt und viele schlaue Köpfe alte Baukunst mit pfiffigen Ideen aufhübschten (mainpost.de).

13 Ausführlich zu Bismarcks Beziehung zu Bad Kissingen: Eberth, Werner. Bismarck und Bad Kissingen. Bad Kissingen 1998.

Bismarckmuseum

Bismarckturm

Die Kissinger fühlten sich seinerzeit nicht nur mit den Hohenzollern und Bismarck, sondern auch mit dem Königreich Bayern und seiner Dynastie, den Wittelsbachern, verbunden. Dies ist mehr als verständlich. Im Stadtteil Arnshausen auf dem Scheinberg bietet der Wittelsbacher Turm einen Ausblick über die Stadt. Auf der Turmspitze sitzt ein bayerischer Löwe aus Grünsandstein, eine Krone auf dem Kopf tragend. Mit dem Bau des Monuments von 33 Metern Höhe wurde 1906 begonnen, als Bayern seiner Erhebung zum Königreich hundert Jahre zuvor gedachte. Bereits im Jahr darauf war der Bau vollendet. Auffällig ist die zeitliche Nähe zur Errichtung des Bismarckturms. Der Freistaat Bayern sanierte den baufällig gewordenen Turm in den 1970er Jahren mit einem Aufwand von 330.000 Mark.

Nahe dem Turm befindet sich ein Restaurant mit eigener Hausbrauerei. Ein drei Meter hohes Bismarckdenkmal steht an der Unteren Saline: das erste Bismarck-Monument Deutschlands. Der Berliner Bildhauer Heinrich Carl Johann Manger schuf es bereits 1876/77 während Bismarcks Amtszeit anlässlich des misslungenen Attentats. Es bedurfte einer Ausnahmegenehmigung des bayerischen Königs Ludwigs II., dass ein solches Monument für eine lebende Person aufgestellt werden konnte. Im Wesentlichen übernahmen Stamm-Kurgäste aus der preußischen Hauptstadt die Kosten.

Wittelsbacher Turm

Fürst Bismarck

Die KissSalis-Therme

Wer von Süden über die Euerdorfer Straße in die Stadt fährt und den Westring benutzt, erkennt auf der linken Seite einen modernen Glaspalast: das KissSalis. Der Name ist abgeleitet von Kissingen, Salus (Heil) und aquis (Wasser): „In Aquis Kissingen salus" – „In den Wassern Kissingens ist Heil". Das Thermalbad entstand in den Jahren 2001 bis 2004.

Die KissSalis-Therme gewann Anfang 2020 eine Online-Abstimmung des Reisemagazins Travelbook zum „besten Thermalbad Deutschlands."[14] Es konnte sich mit 5.500 abgegebenen Stimmen (von rd. 21.000) an die Spitze der Liste von 15 vorausgewählten Thermalbädern setzen.

Im „Thermen-Ranking" von Testberichte.de (2020) gaben 477 Personen KissSalis die Durchschnittsnote 4,3 (von 5).[15]

Im Jahre 2022 besuchten fast 400.000 Personen die Therme. Damit waren die Besucherzahlen vor der Pandemie annäherend wieder erreicht.

Was bietet KissSalis? Die Innen- und zwei Außenbecken nehmen zusammengerechnet eine Fläche von eintausend Quadratmetern ein.

Innen befindet sich ein größeres Becken, ein Becken von mittlerer Größe (Intensiv-Solebecken) und mehrere Whirlpools, Kalt- und Heißbecken. Die Wassertemperaturen liegen zwischen 32 und 38 Grad Celsius.

Neun verschiedene Saunen, davon vier Aufguss-Saunen, bieten im Innen- und Außenbereich Abwechslung.

Das dazugehörige Restaurant präsentiert sich als „Tankstelle für Vitamine" .

Ruine Botenlauben

Ein Wanderweg führt von Bad Kissingen zu einer über hundert Meter langen und rund 25 Meter breiten Burgruine im Osten der Stadt: die Botenlaube. Der Blick auf die Stadt dient oft als Fotomotiv.

Zu einer Burg gehört üblicherweise ein einziger Bergfried. Das Besondere an der Botenlaube ist, dass sie über Reste *zweier* mächtiger Rundtürme (Bergfried und Kapellenturm) verfügt.

---

14 Voting: KissSalis ist die beste Therme Deutschlands (travelbook.de).

15 Thermen-Ranking: Die besten Saunen & Thermen 2020 (testberichte.de).

Ruine Botenlauben

Die Anlage stammt aus dem Hochmittelalter (um 1180). Sie ist nach ihrem zeitweiligen Besitzer Otto von Botenlauben (ca. 1177 bis 1244) aus dem Geschlecht der Grafen von Henneberg benannt, einem Minnesänger[16] und Kreuzfahrer, der sich nach 1197 für etwa 20 Jahre im Königreich Jerusalem aufhielt (unterbrochen von vier Heimatreisen). In Akkon heiratete er Beatrix von Courtenay-Edessa, die Tochter und reiche Erbin des höchsten Hofbeamten im Königreich Jerusalem. Nur sehr wenige Deutsche verfügten seinerzeit in den französisch dominierten Kreuzfahrerstaaten über größeren Besitz.

Sein „erheiratetes" Eigentum im Heiligen Land (rund 45 Orte) verkaufte er im Jahr 1220 an den Deutschen Orden, kehrte offenbar zur Verwaltung des Henneberger Landes nach Franken zurück und nutzte die Erlöse zur umfangreichen Erweiterung des „Hauses Botenlauben", welches er im Jahre 1205 geerbt hatte. Mit Zustimmung seiner Frau verkaufte er die Botenlaube im Jahre 1234 an das Hochstift Würzburg. Preis: 1.200 Mark (entspricht fast 288 Kilogramm Silbermünzen), zahlbar in vier Jahresraten. Das „Traumpaar des Mittelalters" (Werner Vogel)[17] behielt das Wohnrecht in Teilen der Anlage. Zusammen gründeten sie das Zisterzienserkloster Frauenroth bei Bad Kissingen – die Stiftung von Klöstern durch den Adel war im Mittelalter keine Seltenheit. Otto starb 1244, Beatrix bald darauf. Der Minnesängerbrunnen vor dem Neuen Rathaus, 1965 von Eleonore Friedrich-Gronau gestaltet, wird gekrönt von einer Skulptur Ottos als Harfe spielenden Troubadour.

Die Botenlaube teilt das Schicksal der Trimburg: Der Auraer Haufen zerstörte sie im Bauernkrieg 1525. Im Gegensatz zur Trimburg und zur Saaleck fehlen ihr daher Zubauten aus der Neuzeit. Im Gegenteil: Nach dem Zweiten Markgrafenkrieg verfiel die Botenlaube. Anlieger nutzen die Überreste als Steinbruch. Auch hier war es König Ludwig I. von Bayern, der dem Niedergang im Jahre 1830 Einhalt gebot.

Am dritten Septemberwochenende finden alle zwei Jahre Mittelalter-Festspiele mit rund 300 Darstellerinnen und Darstellern statt. Der Einzug „Ottos von der Botenlaube samt Gefolge" in mittelalterlichen Kostümen, historisches Schauspiel unter freiem Himmel, Minnesang und Feuerschein mit gregoriani-

16 Liedtexte: Otto von Botenlauben (fabelnundanderes.at).

17 Geschichte: Ein Promi zieht nach Bad Kisslngen (mainpost.de).

Auf der Botenlaube

schem Gesang lassen die Welt des dreizehnten Jahrhunderts auf dem Burgruinengelände lebendig werden.

Zur Geschichte Ottos und der Burganlage sowie des Klosters Frauenroth ist der Sammelband: Otto von Botenlauben. Minnesänger Kreuzfahrer Klostergründer von Peter Weidisch (Hrsg.), Bad Kissingen 1994, zu empfehlen.

Freizeitgestaltung: Musik

Eine Kurstadt bietet andere Möglichkeiten als eine durchschnittliche Gemeinde gleicher Größe. So existiert bereits seit 1836 die Staatsbad Philharmonie Bad Kissingen[18], die vor 2018 als Kurorchester bekannt war und mit dem neuen Namen ihre Qualität und die ganzjährige Spielzeit betonen möchte. Das Repertoire des professionellen Orchesters ist riesig: rund 3.000 Stücke aus allen Epochen vom Barock über Opernouvertüren, Operettenmelodien, Walzern und Polkas bis in die neuere Zeit. Kurkonzerte werden mehrfach wöchentlich gespielt, Feiertags- und Abonnementskonzerte kommen hinzu. In Corona-Zeiten waren Adventskonzerte, ein Weihnachts- und ein Neujahrskonzert auf youtube mit Hilfe des Suchbegriffs „Philharmonie Bad Kissingen" abrufbar.

Das Außergewöhnliche: Als weltweit einziges professionelles Orchester spielt dieser Klangkörper in der sog. „Berliner Salonorchester-Besetzung", die im späten 19. und in der ersten Hälfte des zwanzigsten Jahrhunderts kennzeichnend war: Dabei kommen Klavier und Harmonium zum Einsatz. So werden Werke der damaligen Komponisten wie Paul Lincke, Joe Rixner, Hans Zander, Helmut Ritter, Willi Richards, Hans Bund und Cyrill Kistler (ein Kissinger, 1848 bis 1907) schwerpunktmäßig gespielt.

Orchesterleiter war bis zum Herbst 2021 Burghard Tölke, zugleich Professor am Richard Wagner Konservatorium in Wien, dem die Staatsbad GmbH nach einem Arbeitskampf kündigte: Das Orchester hatte bessere Arbeitsbedingungen und eine höhere Vergütung gefordert. Auf der Feier zur Verleihung des Weltkulturerbe-Titels trugen die Musikerinnen und Musiker Warnwesten mit der Aufschrift „Streik". Sie verteilten Flugblätter an das Publikum.

18 Staatsbad Philharmonie Kisslngen | Kurorchester | Bad Kissingen.

Anstelle eines Orchesterleiters führt die „Kollegenschaft der Musiker*innen" nunmehr die Philharmonie, so die Staatsbad GmbH.

Seit 1986 bietet der Kissinger Sommer, ein Musikfestival von vier Wochen Dauer im Juni und Juli, alljährlich Aufführungen Ernster Musik – vom Barock bis zur Moderne. Die Konzerte werden vor allem im Regentenbau und dem Kurtheater gespielt, aber auch in der näheren Umgebung außerhalb der Stadt.

Im Jahre 2023 standen 55 Klavierkonzerte, Symphonien, Opern, Kammerkonzerte und zwölf Künstlergespräche, Vorträge und „Lounges im Schmuckhof" auf dem Programm.

Die beteiligten Musiker gehören zu den Besten ihres Fachs: Schon vor dem Mauerfall erschien Trompeter Ludwig Güttler aus Dresden und der sowjetrussische Pianist Swjatoslaw T. Richter. Es war beabsichtigt, unweit des Eisernen Vorhangs erstklassige Musiker aus Ost und West zusammenzuführen: etablierte weltberühmte Interpreten ebenso wie junge Solisten auf dem Weg zum Ruhm (wie der chinesische Pianist Lang Lang 2004, seitdem mehrfach wieder). Dazu wählten die Veranstalter Jahr für Jahr ein anderes Partnerland aus. So drehte sich 2022 alles um Österreich-Ungarn-Böhmen. Zwei Wiener Schnitzel mit Zitrone und Petersilie auf einer Klaviertastatur zierten das Cover des Programmhefts. Über dieses Fotomotiv waren unterschiedliche Ansichten zu hören. Im Jahre 2023 bildete Italien den Themenschwerpunkt: Plakate zeigten ein paar Zitronen, die aus einem Netz rollten. Es wird aber niemand behaupten wollen, es werde mit Zitronen gehandelt: Die Bamberger Symphoniker, die Tschechische Philharmonie und Anna Sophie Mutter traten neben vielen anderen mit einem breiten Spektrum von Antonio Vivaldi bis Nino Rota auf.

Ein Kissinger Sommer

Im Jahre 2023 wurden über 20.000 Karten verkauft, 5.000 kostenlose Eintritte sowie tausende Abrufe einiger Konzert-Video-Livestreams im Internet registriert. Die Veranstalter zeigten sich mehr als zufrieden.

2021 lief der Vertrag mit Intendant Tilman Schlömp aus. Sein Nachfolger Alexander Steinbeis fungierte zuvor als Direktor des Deutschen Symphonie-Orchesters Berlin. Zugleich leitet er den Kissinger Klavier-Olymp, einen internationalen Wettbewerb jugendlicher Pianisten (jene Veranstaltung, 2003 begründet, musste 2009 ihren Namen ändern, weil der Deutsche Olympische Sportbund Einspruch erhob). Mehr unter: www.kissingersommer.de.

Dass das Musikfestival überregional beachtet wird, steht außer Frage. Der renommierte Feuilletonjournalist Manuel Brug stellte am 14. Juli 2022 wohlwollend-überspitzt fest, „Es muss nicht immer Salzburg sein. Warum nicht mal Bad Kissingen?" Denn an der Saale sei eine einmalige Infrastruktur vorhanden, die fußläufig zu den meisten Hotels musikalische Begegnungen ermögliche. Er meint damit den Regentenbau mit seinen Sälen, Stadtkirche und Kurtheater sowie verschiedene Freiluft-Spielstätten, aber auch weiter entfernte Orte wie das Staatsbad Brückenau.[19] Brug muss wissen, von was er schreibt. Ironischerweise war er 1999 mit dem Kritikerpreis der Salzburger Festspiele ausgezeichnet worden.

Auf den (Festspiel-)Sommer folgt der Kissinger Winterzauber. In Dezember und Januar treten Orchester, Chöre, Solistinnen und Solisten der unterschiedlichsten Genres auf. Sie sind im Regentenbau, Arkadenbau und Kurtheater zu hören. Die Blechbläser des Jugendmusikkorps Bad Kissingen und die Gospel-orientierten KisSingers geben sich ein Stelldichein.

Die aufwändigste Feier in Bad Kissingen ist das Rakoczy-Fest, das alljährlich am letzten Juli-Wochenende in der gesamten Innenstadt angesagt ist. Nach einer Zwangspause in der Corona-Zeit stieg das farbenprächtige Spektakel jüngst vom 28. bis 30. Juli 2023. Es ist nach der Entdeckung der Rakoczy-Quelle 1737 benannt, die sich wiederum auf den ungarischen Nationalhelden Franz Rakoczy (andere Schreibweise: Rakoczi) bezieht, der Kissingen aber nie besucht hat. Live-Musik aus Rock, Pop und Schlager, die den Stadtfesten entsprechenden Speisen, Bier und Wein sowie ein Feuerwerk zum Abschluss werden geboten. Als unumstrittener Höhepunkt gilt der Festzug mit über einhundert geschmückten Festwagen und Kutschen sowie Trachten-

19 Es muss nicht immer Salzburg sein. Warum nicht mal Bad Kissingen? - WELT.

Jugendmusikkorps Bad Kissingen. Die Mädchen und Jungen tragen die Uniformen eines großherzoglich-würzburgischen Regiments nach dem Vorbild von 1812. Einsatzgebiet ist seit der Gründung (1964) v.a. Bad Kissingen, darüber hinaus absolvierte das Orchester zahlreiche Auftritte in ganz Deutschland. Tourneen führten u.a. nach Argentinien und China. Hier beim Rakoczy-Fest 2022

und Musikgruppen zu Fuß. Historische Persönlichkeiten, die einst zur Kur kamen oder die Entwicklung der Stadt förderten, sind Vorbild für prächtige Kostümierungen: z.B. Theodor Fontane, Ludwig I., Balthasar Neumann und Max Littmann. Darüber hinaus ergeben schwimmende Kerzen auf der Saale, gefolgt von einem Boot mit „Ludwig II.", dem Prinzregenten Luitpold und anderen, ein stimmungsvolles Bild („Die Saale brennt", Fest-Freitag, 22.00 Uhr). Mindestens 40.000 Menschen sind auf den Beinen, im Jahre 2022 vermeldete die „Main-Post" gar eine geschätzte Besucherzahl von 80.000.

Eine ganz andere Veranstaltung ist die „Abenteuer und Allrad"-Messe zum Thema geländegängige Fahrzeuge, Ersatzteile und Extras. 350 Aussteller sind auf dem 100.000 Quadratmeter großen Messegelände im Stadtteil Reiterswiesen präsent, im Juni 2023 schon zum 25. Male. Der bayerische Staatssekretär Sandro Kirchner schrieb in seinem Grußwort, die Veranstaltung habe sich zur größten internationalen Off-Road-Messe entwickelt. Jährlich zu Pfingsten steigt in Bad Kissingen und seinem Umland die Depro

Buntes Treiben an der Saale

Peter Heils Bienen-Einsatz

Franken Classic, eine Oldtimer Rallye mit rund 150 teilnehmenden Autos aus Deutschland und den Nachbarländern. Der dreitägige Wettbewerb ist einer der größten seiner Art in Deutschland und existiert seit dem Jahre 2000. [20]

Motor- und Segelfliegerei

Die Saaleauen zwischen dem Rosengarten und Hausen bieten sich für Spaziergänge an. Darüber hinaus liegt hier seit 1923 der Flugplatz mit Tower und Start-/Landebahn auf Rasen. Die Segelfluggemeinschaft Bad Kissingen betreibt den Standort. Ebendort kann Samstags und Sonntags ein Stadtrundflug (15 Minuten) oder ein Flug über die bayerische Rhön im Segelflieger, im motorisierten Ultraleichtflugzeug oder im Motorsegler verabredet werden.

Saaleauen

Flugplatz Bad Kissingen

---

20 Zur jüngsten Veranstaltung: Broschuere_2023_A5_auf4TB.indd (franken-classic.com).

Süße Stärkung

Bei einem „Kissinger“ handelt es sich um ein Butterplunder-Hörnchen mit Haselnusscreme- oder Marmeladefüllung und ein wenig Zuckerguss. Feinbäcker boten das süße Gebäckstückchen vielleicht schon um 1900, sicher aber nach dem Ersten Weltkrieg den Kurgästen an, die auf dem Weg von ihren Unterkünften zu den Heilquellen waren.

Kissinger Süßgebäck

Tourismus

In Bad Kissingen kamen in Jahre 2022 rund 220.000 Gäste an. Die Bayerische Staatsbad Bad Kissingen GmbH verzeichnete 1,3 Millionen Übernachtungen.[21]

Rück-Blick auf den Stadtkern

Geschichte der Stadt Bad Kissingen

Wie in anderen Teilen des Saaletals auch, war das Gebiet des heutigen Bad Kissingen in frühgeschichtlicher Zeit besiedelt: Belege verweisen auf die Steinzeit. Die Denkmalliste (Stand: 24.10.2023) nennt 35 Bodendenkmäler, darunter mehrere Bestattungsplätze mit Grabhügeln. [22]

21 Vgl. Anreise- und Übernachtungszahlen Bad Kissingen | TV Mainfranken (zuletzt abgerufen am 31. Mai 2023).

22 denkmalliste_merge_672114.pdf (bayern.de).

Eine Siedlung namens Chizzicha (Kissingen) wurde erstmals im Jahre 801 urkundlich erwähnt: Ein Mann namens Hunger schenkt Teile seines Grundbesitzes an die Abtei des heiligen Bonifatius in Fulda. So lag auch hier in der Karolingerzeit eine Orientierung an Fulda vor, wie wir am Beispiel Hammelburg schon gesehen haben. Was „Chizzicha" bedeutet, weiß allerdings niemand.

Wenige Tage vor seinem Tod stellte Kaiser Ludwig der Fromme im Jahre 840 eine Urkunde in Kissingen aus. Er war auf dem Weg von der Königspfalz Salz nahe der heutigen Stadt Bad Neustadt nach Ingelheim, wobei er wahrscheinlich mit einem Schiff auf der Saale fuhr.

1279 wird Kissingen als „oppidum" (Stadt) aufgeführt. 1394 gelangte Kissingen an das Hochstift Würzburg.

Ein erster Nachweis der Salzquellen datiert aus dem Jahr 823, der erste namentliche Beleg über einen Kurgast in der Stadt stammt von 1520: Es handelte sich um den Würzburger Domdekan Dietrich von Thüngen. Graf Georg Ernst von Henneberg-Schleusingen nutzte die Heilquellen mehrfach zwischen 1573 und 1581.

Kissingen war im Bauernkrieg rebellisch, Plünderung und Brandschatzung gegen die Botenlaube sowie die Klöster Frauenroth und Hausen gingen von hier aus. Der Würzburger Bischof Konrad von Thüngen ließ einen der Anführer, Pfarrer Johannes Wüst, nach Niederschlagung des Aufruhrs zum Tode verurteilen und zusammen mit 200 weiteren Aufständischen enthaupten. Nach Wüst ist heute ein Weg zwischen Pfalz- und Schurzstraße benannt.

Bischof Julius Echter bestimmte ein Regelwerk für die Dörfer und Städte. So erhielt Kissingen im Jahre 1576 eine Ordnung, die von der Aufwandsentschädigung für Bürgermeister und Räte bis zur Qualitätskontrolle der Handwerker und ihrer Produkte handelte.

Der im Schloss Aschach wirkende fürstbischöfliche Amtmann Valentin Echter, Julius' Bruder, ordnete mit Wirkung von 1584 an, dass der Stadtrat jeden Donnerstag zusammentrete und seine Sitzungen protokolliere: Die Niederschriften sind fast vollständig im Stadtarchiv vorhanden.

Die Pest raffte im Jahre 1611 ein Drittel der Stadtbevölkerung dahin (284 Tote). Der Dreißigjährige Krieg zog auch Kissingen in Mitleidenschaft, 1650 lebten gerade einmal 110 Bürger in der Stadt.

Die Qualität der Heilquellen war auch den Landesherren, den Würzburger Bischöfen, bekannt. Das achtzehnte Jahrhundert brachte entscheidende

Verbesserungen, als Fürstbischof Friedrich Karl von Schönborn-Buchheim (1729 bis 1746) das Heilbad Kissingen in Konkurrenz mit Karlsbad treten lassen wollte. Er beauftragte seinen Baumeister Johann Balthasar Neumann, den Flusslauf der Saale an einer bestimmten Stelle zu verlegen, da ihre Überschwemmungen den Pandur-Brunnen in Gefahr gebracht hatten. Dabei entdeckte Neumann zusammen mit dem örtlichen Apotheker Georg Anton Boxberger die Rakoczy-Quelle. Boxberger, geboren 1679 in Hammelburg, fungierte in Kissingen auch als Stadtrat und Bürgermeister (1726).

Neumann plante in den folgenden Jahren (1738 bis 1744) den Kurpark und das erste Kurhaus.

Kurgäste in Bad Kissingen

Seit 1814 gehört Kissingen zu Bayern. In den frühen Jahrzehnten bayerischer Herrschaft nahm die Zahl der Erholungssuchenden sprunghaft zu: Kamen im Kriegsjahr 1814 ganze 173 Gäste, so waren es 1836 bereits 2.200.

Wir wollen zwei Kurlisten aus der zweiten Hälfte des neunzehnten Jahrhunderts exemplarisch heranziehen. Die offiziellen Aufstellungen umfassen Namen, Wohnort und Unterkunft der einzelnen Kur- und Badegäste vom 29. März bis 30. September.

Im Jahre 1857 wurden 5.443 Sommerfrischler verzeichnet (zum Vergleich: Brückenau beherbergte 683 Kurgäste). Der ausländische Anteil war enorm: Alleine aus Russland kamen 935, aus Großbritannien 457, aus den Niederlanden 112 Gäste. Schweden und Dänemark folgten mit 55 bzw. 22 Personen, und nicht zuletzt war Nordamerika mit 53, Mexiko mit acht sowie China und Australien mit jeweils zwei Personen vertreten. So lässt sich selbst zu diesem frühen Zeitpunkt schon von einem „Weltbad" sprechen. Von den deutschen Ländern waren Preußen mit 1.099 und Bayern mit 1.070 Reisenden präsent. Ihnen standen fünf „Brunnen-Ärzte", zwei Praktische Ärzte und ein „Wund-Arzt" zur Verfügung. Zwei Doctores aus London hatten sich niedergelassen. Die Kurgäste und ihre Begleitung waren nicht „von der Welt abgeschnitten", vielmehr hielt das „Lese-Cabinet" fünf englische, sieben französische, eine niederländische, eine franko-belgische, eine Schweizer und eine schwedische Zeitung, z.B. die tägliche Satirezeitschrift „Charivari" aus Paris, und – sowieso – „The Times". Aus den deutschen Landen einschließlich

Österreich kamen 36 Druckerzeugnisse, neben Tageszeitungen auch Börsenblätter und satirische Periodika.[23] Zwei Leihbibliotheken waren vorhanden. Gottesdienste wurden für Katholiken, Protestanten, Juden („Israeliten") und Anglikaner angeboten.

21 Jahre später verzeichnete Kissingen 9.754 Kurgäste und 2.956 „Passanten" (Tagesgäste). Vergleichszahlen für Brückenau: 990 bzw. 350. Unter den 1.950 ausländischen Kurgästen waren 220 Amerikaner, 483 Briten, 71 Franzosen (sieben Jahre nach dem Deutsch-Französischen Krieg), zwölf Ägypter, zehn Asiaten, jeweils sechs Brasilianer und Afrikaner. 15 Ärzte und ein Zahnarzt werden genannt, außerdem ein Montag vormittags anwesender Professor der Augenheilkunde aus Würzburg.[24]

Für die zahlreichen Sommerfrischler aus dem Zarenreich war bereits in der zweiten Hälfte des neunzehnten Jahrhunderts eine russisch-orthodoxe Kirche geplant worden. Der Bau verschob sich, so dass das neobyzantinische Gotteshaus erst im Jahre 1901 geweiht werden konnte. Diese Kirche des heiligen Sergius von Radonesch befindet sich in der Salinenstr.

An Prominenz bestand kein Mangel[25]: 1843 erschien die schwedische Sopranistin Jenny Lind, im Jahr darauf „Frankenstein"-Autorin Mary Shelley. 1852 weilten König Maximilian II. Joseph von Bayern sowie König Oskar von Schweden mit seiner Gemahlin und Königin Olga von Württemberg zur Sommerfrische. Max II. Joseph kurte weitere drei Mal in (Bad) Kissingen. Lew Tolstoi war in den Jahren 1860 und 1879 hier, Elisabeth von Österreich kurte 1862 alleine und 1864 zusammen mit Kaiser Franz Joseph. Die Liste deutscher Prinzen, Prinzessinnen und Fürsten ließe sich auf mehr als eine Seite ausdehnen. König Ludwig II. hielt sich im Jahre 1864 zur gleichen Zeit in Kissingen auf wie der österreichische Kaiser und der russische Zar. Dabei ist stets zu bedenken, dass der Hochadel mit Gefolge kam; Zar Alexander II. beispielsweise brachte im Jahre 1857 eine Entourage von 200 Personen mit.

---

23 N.N.: Liste der im Jahr 1857 angekommenen und abgereisten Kur- und Badegäste in Kissingen und Bocklet. Kissingen 1857 Online: Kurliste von Bad Kissingen und Kissinger Bad-Anzeiger (1857) - Bayerische Staatsbibliothek (bsb-muenchen.de)

24 N.N.: Liste der im Jahr 1878 angekommenen und abgereisten Kur- und Badegäste in Kissingen und Bocklet. Kissingen 1878.

25 Liste bekannter Kurgäste in Bad Kissingen – Wikipedia.

Russisch-orthodoxe Kirche

„Max II Joseph und Ludwig I." beim Rakoczyfest

Darüber hinaus verbrachten Alfred Nobel, Max Liebermann, und der „Quo Vadis"-Autor Henryk Sienkiewicz einige Wochen oder zumindest Tage in der Stadt. Theodor Fontane, mehrfach Kurgast und Liebhaber Bad Kissingens, brachte im Jahre 1889 die Aufenthalte und Begegnungen in einem Gedicht[26] auf den Punkt:

Berühmte Männer in Kissingen

Im Sommer, wenn unter den Linden kein Lüftchen sich bewegt,
Da ist des Kaiserreichs Schwerpunkt nach Kissingen verlegt.
Denn Bismarck ist auch im Bade ein Recke mit wuchtigem Schritt,
Und schreibt er nur eine Depesche, dann zittert das Nachbarland mit.
Nun soll er dienstlich pausieren, wie's in Schwenningers Bulletin heißt,
Doch kommen die Diplomaten von überall angereist.
Viel schöne Damenherzen erobert der Fürst im Sturm.
Die Kurstadt ist ihm dankbar und baut ihm gewiß einen Turm.
Wenn sommerlich unter den Linden Rauchs Reiterdenkmal gleißt,
dann kommt auch der kleine Menzel nach Kissingen gereist.
Sein Ruhm als preußischer Maler ist reif und überreif,
Er kennt alle Preußenhelden und den Lessing unter dem Schweif.
Auch ihn weiß die Kurstadt zu schätzen, man bringt ihm das Goldene Buch,
Dazu auch Feder und Tinte und bittet um einen Versuch.

Worauf der geschmeichelte Meister nicht einen Moment verliert -
Noch Kissingens spätere Festschrift hat seine Hommage geziert.
Es kam der Graf Tolstoi aus Rußland, der „Anna Karenina" schrieb,
Es kam auch mein treuer Paolo, der tat mir so manches zulieb.
Aus Säckingen kam der Trompeter, der paßt wohl so richtig hierher,
Historische Klosterromane bespreche ich nimmermehr.
Ich gehe am Brunnen spazieren und sehe die vornehme Welt,
In Weinbergers stattlicher Handlung ist „Stine" ausgestellt.
Ich seh wie die Gäste gekleidet (die Polinnen sehr gewählt!),
Und seh die Gesichter der Frauen, die haben mir manches erzählt.

---

26 Helmuth Nürnberger: Erst die Fremde lehrt uns, was wir an der Heimat besitzen. Fontanes unbekannte bayerische Balladen - ein unverhoffter Fund im Preußenjahr. In: Berliner LeseZeichen 9 (2001), Heft 5, 100-118.

> Ich schreibe hier kleine Gedichte, die hätten Storm nicht gefallen.
> Wie unterschiedlich beschaffen ist Schriftstellers Erdenwallen.
> Auch schreibe ich viele Briefe, denn meistens bin ich allein,
> Ich feile an meinen Pointen und drunten fließet der Main.
> Zuletzt eine Novelette, wie ich hoffe, mit Geschick!
> Ein Mann in meinen Jahren hat einen scharfen Blick.
> Bei den Kindergräbern am Friedhof laß ich mein Paar sich verloben,
> Ein Mann in meinen Jahren, der soll das Leben loben.

Ein Geografie-Fehler Fontanes: Der Main ist rund 25 Kilometer entfernt.

Der Schriftsteller Vladimir Nabokov (Autor des Romans „Lolita“) erinnerte sich in seinen Memoiren (1951) an einen Aufenthalt mit Eltern, Bruder und Hauslehrer in der Kurstadt: „(...) Gerade als ich im Begriffe stand, in der Nähe eines Wegweisers Nach Botenlaube bei Bad Kissingen in Bayern meinen Vater und den majestätischen alten Muromzew (der vier Jahre vorher, 1906, Präsident des ersten russischen Parlaments gewesen war) auf einen langen Spaziergang zu begleiten, wandte dieser mir, einem verletzlichen Elfjährigen, sein marmornes Haupt zu und sagte mit seiner berühmten Feierlichkeit: ‚Komm auf jeden Fall mit, aber jage keine Schmetterlinge, Kind. Es stört den Rhythmus des Spaziergangs.‘“ Für diese Szene gibt es Zeugen, denen die hocharistokratische Gruppe aus Russland aufgefallen war.[27]

Wie haben sich die Gäste seinerzeit über Kissingen und das Saaletal informiert, oder besser: Wie sah ein Reiseführer über Kissingen und das Saaletal damals aus? Unter books.google ist ein teilweise wiedergegebener „praktischer Rathgeber und Wegweiser für Kurgäste“ (Untertitel) leicht aufzufinden – Suchbegriffe: Michael Werner, Kissingen. Autor des Buches „Bad Kissingen und seine Umgebung“ (Kissingen: Schachenmayer, 1874) war der Badearzt aus Bocklet, Werner, ein gebürtiger Münnerstädter. Er lebte von 1838 bis 1921 und wirkte neben seinen medizinischen Aufgaben als Dichter und Heimatforscher. Das Buch handelt von der Geologie, Geografie und Geschichte Kissingens, beschreibt Anwendung und Wirkung der einzelnen Heilwässer und schlägt Ausflugsrouten vor.

---

27 Nabokov, Vladimir: Sprich, Erinnerung, sprich. Reinbek 1999, o.S. Vgl. planet-franken-online.de Fundstück Nabokov (wgsebald.de).

Die Preußen waren 1866 in der Schlacht bei Kissingen Sieger gegen die bayerischen Truppen (der anschauliche Augenzeugenbericht eines russischen Kurgastes, den die Kämpfe überraschten: https://de.wikisource.org/wiki/Die_Russen_in_Kissingen). Theodor Fontane schilderte die Kämpfe ausführlich in seiner Preußen-orientierten Chronik „Der deutsche Krieg von 1866. Die Kämpfe in West- und Mitteldeutschland".[28] Der Bericht der Kissinger Zeitzeugin Amelie Ihl gibt die Geschehnisse aus einer ganz anderen Perspektive wieder.[29]

Bismarck wählte nach der Reichseinigung 1871 gezielt einen süddeutschen Kurort, um durch seine Anwesenheit die Versöhnung zu fördern: ein Signal an den bayerischen König Ludwig II., dessen Dynastie so viel für Bad Kissingen getan hatte. Wir können annehmen, dass Bismarcks Besuche eine zugkräftige Werbung für Bad Kissingen darstellten, nachdem die Stadt (3120 Einwohner) seit 1871 auch per Eisenbahn von Schweinfurt aus erreichbar war.

Jüdische Kurgäste gehörten zum Publikum. Als Bismarck im Jahre 1874 einem Pistolenattentat knapp entgangen war, feierten einheimische und auswärtige Juden in Kissingen einen Dankgottesdienst in der alten Synagoge; der Distriktrabbiner hob in einem Vortrag Bismarcks Leistungen für das Reich hervor. Die Feier war bestens besucht – viele Gläubige fanden innen keinen Platz und standen vor den geöffneten Türen. [30]

Seit 1883 ist das „Bad" im Stadtnamen festgelegt. 1907 besuchten 28.000 Gäste die 5.000-Einwohner-Stadt.

Als der Erste Weltkrieg ausbrach, waren 1.931 ausländische Gäste anwesend, davon 1.550 Russen, gefolgt von 123 Amerikanern.

Nach dem großen Krieg blieb ein erheblicher Teil der internationalen Oberschicht dem bisherigen Weltbad fern. Doch selbst im Jahre 1922 waren 36.486 Kurgäste in der Stadt, ein bisheriger Höchststand. Damit zeigte sich wohl schon ein Trend im „Zeitalter der Massen" (Serge Moscovici): die Entwicklung zum Heilbad für zunehmend breite Schichten des Volkes. [31]

---

28 Berlin 1871, 105-117.

29 Wulz, Gerhard: Kissingens Schreckenstag – der 10. Juli 1866. Ein Augenzeugenbericht von Amelie Ihl. In: Frankenland, 2003, S. 223-226.

30 Wiedergegeben in: Eberth, Werner: Bismarck und Bad Kissingen, 42. Dankgottesdienste wurden auch in der katholischen und der protestantischen Kirche gefeiert.

31 Weidisch, Peter: Das Weltbad Kissingen im 19. und 20. Jahrhundert. In: Chevallay/Gerlach: Stadt Bad Kissingen, S. XXXVII-LX, hier S. LVI.

Rakoczyfest: Bismarck, dem die Fastenkur das Leben verlängerte

In Deutschland behielt Bad Kissingen seinen guten Namen: Zu den berühmten Gästen zählte Richard Strauss, und auch die ehemalige Kronprinzessin Cecilie von Preußen weilte an der Saale. Es existierten dementsprechend Firmen, die höchste Ansprüche bedienen konnten. Ernst und Emilie Faßhauer gründeten 1910 ein Damenbekleidungsunternehmen in der Prinzregentenstraße 1. Eigenbezeichnung: „Erstes Spezialgeschäft für feinste Maßanfertigung“[32] von Kostümen, Kleider, Mäntel und Pelzen. Mitte der 1920er Jahre warb es mit der „erstklassige(n) Anfertigung nach Modellen allererster Häuser des In- und Auslands“. [33] „In seinen besten Zeiten beschäftigte Faßhauer bis zu 40 Schneiderinnen. Manchmal befanden sich 500 Kunden aus aller Welt zur gleichen Zeit in Bad Kissingen, um sich während der Kur von Faßhauer's einkleiden zu lassen.

32 Adress-Buch Bad Kissingen 1922/24, Bad Kissingen 1924.

33 Adress-Buch Bad Kissingen 1925/27, Bad Kissingen 1927.

Die vornehme Firma hatte mit ihrer weltweiten Kundschaft Anteil am steigenden Ansehen der Badestadt", so der Kissinger Heimatforscher Edi Hahn. Daher kam es zu dem Wahlspruch „Modehaus von Weltruf". Das Ehepaar Faßhauer erwarb 1923 eine repräsentative Villa in der Salinenstraße 26.

Politische Einstellungen der Kissinger in der Zwischenkriegszeit

Die Wahlen in der Weimarer Republik brachten ein interessantes Phänomen zutage: Die Ergebnisse in der Stadt unterschieden sich stark von den Resultaten im Landkreis. Die reaktionäre, preußisch-protestantische Deutschnationale Volkspartei, die ansonsten im katholischen Unterfranken völlig erfolglos war, vereinigte hier zwischen 29,8 (Dez. 1924) und 8,7 Prozent (5. März 1933) auf sich: Offenbar stammten diese Stimmen von Zugezogenen und Kurgästen aus den nördlichen, mittleren und östlichen Teilen des Reiches. Auswärtige deutsche Kurgäste durften hier während der Weimarer Republik an den Reichstagswahlen teilnehmen. Diese Gäste suchten wohl nicht selten Vorträge und Propagandaveranstaltungen der „Völkischen" auf, von denen die eingesessene katholische Bevölkerung wenig wissen wollte. Im Bezirk (heute: Landkreis) Bad Kissingen blieb die DNVP stets unter 3,6 Prozent, meist sogar im Promille-Bereich.

Die Hitlerbewegung erreichte anlässlich der nur teilweise freien Märzwahlen 1933 die absolute Mehrheit (2.582 von 4.612 Stimmen). Dagegen war die NSDAP bei den Stadtratswahlen in den 1920er Jahren erfolglos, und ihre häufig wechselnden lokalen Vorsitzenden importierte sie von außerhalb. So kann von einer „braunen Hochburg" nicht gesprochen werden. [34] Und im Umland? Die Bayerische Volkspartei vereinigte fast doppelt so viele Stimmen (10.214) auf sich wie die Nationalsozialisten (5.298).

Im Jahre 1925 lebten in Bad Kissingen 504 Juden: 5,3 Prozent der Stadtbevölkerung von 9.517 Personen (1871: 330 von 3120). Die jüdische Gemeinde verfügte seit 1902 über eine neoromanische Synagoge mit 329 Sitzplätzen in der Maxstr. 10, nachdem die alte Synagoge zu klein geworden

34 Näheres dazu: Künzl, Thomas: Epochenkrise im Epochenbad. Freimaurer, Antisemiten, Druidenbünde in Bad Kissingen. Bad Kissingen 2004, S. 59-68.

war. [35] Bei diesem Neubau handelte sich um eine der größten Synagogen Bayerns. Eine Gedenkstele erinnert daran.

Jüdische Kissinger

Jüdische Kissinger spielten im Wirtschafts- und Kurleben eine hervorragende Rolle: Jüdische Hotels, Restaurants, Geschäfte waren ebenso selbstverständlich wie jüdische Sanatorien und Ärzte. Zu Beginn des zwanzigsten Jahrhunderts war mindestens jeder dritte Kurgast jüdisch.

Abwanderung und Flucht reduzierten die jüdische Gemeinde ab 1933. Hans Jakob (Jack) Steinberger, 1921 als Sohn des Kantors im jüdischen Gemeindehaus Bad Kissingens geboren, gelangte bereits 1934 dank einer wohltätigen jüdisch-amerikanischen Organisation in die Vereinigten Staaten. Sein jüngerer Bruder und die Eltern folgten rechtzeitig vor Kriegsbeginn. Er studierte Physik bei Enrico Fermi. Als international bedeutender Kernphysiker erhielt Prof. Steinberger im Jahre 1988 den Nobelpreis für Physik zusammen mit zwei Forscherkollegen. 1989 folgte er einer Einladung von Oberbürgermeister Georg Straus nach Bad Kissingen. Seitdem besuchte er die Stadt immer wieder.

Steinberger ist seit 2001 Namensgeber des Gymnasiums seiner Vaterstadt. Dort hielt er vor Oberstufenschülern hin und wieder Physikvorträge. Im Jahre 2006 erhielt er die Ehrenbürgerwürde. 2013 äußerte er: „Das ist meine Heimatstadt, und ich wurde hier erzogen. Ich fühle mich jetzt wieder als Deutscher."[36]

Im Alter von 99 Jahren verstarb Jack Steinberger am 12. Dezember 2020 an seinem langjährigen beruflichen Standort, dem Sitz des Europäischen Kernforschungszentrums in Genf.

Mit der Zerstörung der neuen Synagoge und den Deportationen 1942 wurde die jüdische Gemeinde endgültig vernichtet. Eine Dauerausstellung im Jüdischen Gemeindezentrum Promenadenstr. 2 zeigt die Geschichte der Kissinger Juden seit dem Mittelalter; zum Interieur gehört eine Mikwe

---

35 Ausführlich zur Geschichte der Kissinger Juden: Beck, Hans-Jürgen /Walter, Rudolf: Jüdisches Leben in Bad Kissingen. Bad Kissingen 1990.

36 Ausführlich zu Steinberger: www.rijo.homepage.t-online/pdf/DE_BY_JU_steinber.pdf.

Gedenkstele

(rituelles Bad) und eine rekonstruierte Laubhütte. In den Sommermonaten werden hier jüdische Gottesdienste am Sabbat angeboten. Unter https://www.biografisches-gedenkbuch-bk.de/ sind Kurzbiografien der gebürtigen Kissinger Juden nachzulesen.

Bad Kissingen seit 1945

Einem Bombenangriff entging Bad Kissingen möglicherweise durch die Tatsache, dass hier mit Paul Haertl ein Freund von US-Präsident Franklin D. Roosevelt das Chemisch-Balneologische Institut geleitet hatte. Professor Haertl unterstützte mit seiner fachlichen Kompetenz das Heilbad Warm Springs in Georgia, Kur- und Sterbeort des an Polio erkrankten Roosevelt.[37]

1945 konnte Bad Kissingen, nunmehr de facto Lazarettstadt, kampflos an die US-Army übergeben werden. Die Amerikaner beschlagnahmten ganze 200 Häuser der kleinen Stadt. Ihr Hauptquartier nahmen sie im Königlichen Kurhaus, Kurhausstr. 1. Diese Straße benannten sie gleichzeitig in Rooseveltstr. um.

Die Kuranlagen waren bis 1948 in amerikanischer Hand und für Deutsche gesperrt. In den späten 1940er Jahren lebte der Kurbetrieb auf, beispielsweise besuchte Bundespräsident Theodor Heuss im Jahre 1954 das Staatsbad. In jenem Jahr kamen wieder so viele Kurgäste wie vor dem Krieg. Der Operettenkomponist Oscar Straus, der Schauspieler Akim Tamiroff und der Modeunternehmer Heinz Oestergaard hielten sich seinerzeit im Sanatorium Dapper, Menzelstr. 21 auf. Bundespräsident Heinrich Lübke kurte mit seiner Frau Wilhelmine zehnmal in Bad Kissingen – zuerst 1963, dann jedes Jahr bis zu seinem Tode.

Im wesentlichen waren es aber Patienten, die über die Sozialversicherungsträger ganzjährig und nicht nur zur „Sommersaison" in die Stadt zur Reha kamen: „Sozialkurpatienten". 1974 wurden 100.000 Kurgäste gezählt. Die Übernachtungszahl belief sich auf 1,8 Millionen.

Ein weltbekannter Mann, wenn auch kein Kurgast, landete am 8. August 1970 in Bad Kissingen: Neil Armstrong. Sein dreitägiger Deutschland-Aufenthalt auf Einladung des Flugzeugherstellers VFW Fokke führte ihn zur na-

37 Vgl. Hahn, Edi: Eine Führung durch die Kuranlagen. Bad Neustadt 1989, S. 8

hegelegenen Wasserkuppe in der Hochrhön, wo er sinnigerweise im Hotel „Peterchens Mondfahrt" übernachtete. Tags darauf flog er 37 Kilometer weiter an die Saale. Die „Rhein-Lahn-Zeitung" schrieb im Rückblick: „Ein kleiner Schritt für einen Menschen, aber ein großer für Bad Kissingen. (…) Zugegeben, er saß nicht in einem Raumschiff, sondern nur in einem Segelflugzeug".[38] In einer historischen Postkutsche ging es dann unter großem Jubel durch die Stadt.

Die prägende politische Persönlichkeit jener Jahrzehnte war Hans Weiß, ein Münchner Jurist, der 1952 erstmals die Oberbürgermeisterwahl gewann. Mit 33 Jahren war der „schwarze" Weiß der jüngste Oberbürgermeister in Bayern. In seine Amtszeit fällt der Bau der Stadttangenten (Westring und Ostring), die Gestaltung der Fußgängerzone, die Eröffnung des viel beachteten Terrassenschwimmbads: moderne Projekte in jener Zeit! Im Jahre 1984 beendete der 65-Jährige seine Tätigkeit als dienstältester OB in Bayern, und legte die Präsidentschaft des Bayerischen Gemeindetags nieder. Als Präsident der zweiten Landtagskammer, des Senats, blieb Weiß bis 1993 politisch aktiv. Er erhielt manche hohe Auszeichnung, darunter das Große Bundesverdienstkreuz mit Stern und Schulterband. Weiß verstarb am 16. Oktober 2008 in München.

Mit der Gesundheitsreform von 1996 sank die Zahl der Kurgäste: ein empfindlicher Schlag für die Kurbäder, auch für Kissingen.

Bad Kissingen ist „Deutschlands bekanntester Kurort" laut einer Emnid-Umfrage aus dem Jahre 2007. Kein Wunder, dass Bad Kissingen schon einmal Schauplatz einer Mini-Fernsehserie namens „Die Kur" war (ARD, September/Oktober 1978). Hier existieren 15 Fachkliniken und Rehazentren.

Am 24. Juli 2021 setzte die UNESCO Bad Kissingen als Teil des Verbunds „Great Spas of Europe" auf ihre Welterbe-Liste, zusammen mit dem tschechischen Bäderdreieck, Baden-Baden und Bad Ems, Vichy, Spa, Baden bei Wien, Montecatini Terme und Bath. Oberbürgermeister Dirk Vogel sprach davon, mit der Anerkennung sei Bad Kissingen „nun in der Champions League in der öffentlichen Wahrnehmung deutscher Städte".[39]

---

38 Cetto, Michaela: „Great Spas of Europe". Als Astronaut Neil Armstrong in Bad Kissingen landete. In: Rhein-Lahn-Zeitung, 5.7.2021; „Great Spas of Europe": Als Astronaut Neil Armstrong in Bad Kissingen landete - Rhein-Lahn-Zeitung – Rhein-Zeitung.

39 OB von Bad Kissingen: Welterbe bedeutet große Chance (pnp.de).

Im Mai 2023 vergab der Bayerische Heilbäderverband das Gütesiegel für „vorbildliche Gesundheitsförderung am Kurort" an die Staatsbad GmbH in Person von Gesundheitslotsin Julia Schmitt. Damit erkannte er die „höchstmögliche Qualität in der ambulaten Kur" an.[40]

Eine Persönlichkeit der Stadt: Julius Kardinal Döpfner

Hatte ein Deutscher im zwanzigsten Jahrhundert realistische Aussichten, zum Papst gewählt zu werden? In den 1970er Jahren galt Julius Kardinal Döpfner, Erzbischof von München und Freising sowie Vorsitzender der Deutschen Bischofskonferenz, als „papabile", d.h. als befähigt für das Papstamt. Döpfner verfügte als ehemaliger Bischof von Berlin über Erfahrung im Umgang mit der kommunistischen Welt im Kalten Krieg. Anschließend gehörte er zu den bedeutendsten Theologen des Zweiten Vatikanischen Konzils. Seiner Wahl stand jedoch die Übermacht der italienischen Kardinäle im Konklave und die lange Tradition italienischer Päpste entgegen.

Döpfner wurde 1913 in Hausen bei Bad Kissingen in eine bäuerliche, fast ärmliche Familie hinein geboren. Der Vater, ein Hoteldiener, starb bereits 1923. Er soll auf dem Sterbebett den örtlichen Kaplan gebeten haben, Julius auf eine Priesterlaufbahn vorzubereiten. Der begabte Junge besuchte das Gymnasium in Münnerstadt, anschließend das Bischöfliche Knabenseminar Kilianeum in Würzburg. Ein Klassenkamerad prophezeite: „Der wird einmal Bischof". Julius Döpfner studierte Theologie in Würzburg und am Priesterseminar Collegium Germanicum in Rom. Nach einigen Jahren als Kaplan und als Erzieher am Knabenseminar sowie als Subregens des Priesterseminars ernannte ihn Papst Pius XII. 1948 zum Nachfolger des verstorbenen Würzburger Bischofs Matthias Ehrenfried: Damit war Döpfner der jüngste Bischof in Europa. Seine Herkunft ist mit der stilisierten Darstellung der Hausener Solequelle „Schönbornsprudel" in sein Bischofswappen eingegangen.

Der Bombenangriff vom 16. März 1945 hatte Würzburg verheerend getroffen. Der Dom erlitt erhebliche Schäden. Döpfner erkannte, dass auch im

40 (mainpost.de) Gütesiegel für vorbildliche Gesundheitsförderung am Kurort geht an Bad Kissingen

Wohnungsbau eine bischöfliche Aufgabe liegt: „Wohnungsbau ist Dombau, Wohnungssorge ist Seelsorge, und damit Herzenssorge eures Bischofs".[41]

In den Jahren danach zeichnete sich immer deutlicher die deutsche Teilung ab: für das Bistum eine Herausforderung, denn die Dekanate Meiningen und Saalfeld lagen auf DDR-Gebiet. Es kam vor, dass deren Behörden Döpfner den Grenzübertritt im Dienstwagen verweigerten und der Bischof sich per Bahn und zu Fuß mit Rucksack auf dem Weg machte. Er war viel im Bistum unterwegs, setzte sich in Dorfkirchen zu Gottesdiensten, spielte Fußball mit Schülern, machte Krankenbesuche. 1952 ernannte ihn der Stadtrat von Bad Kissingen zum Ehrenbürger.

1957 berief Papst Pius XII. Julius Döpfner zum Bischof von Berlin. Dort erlebte er seine Erhebung zum Kardinal ein Jahr später. Mit erst 45 Jahren war er der jüngste Purpurträger weltweit. Sein Bistum umfasste neben der geteilten Stadt Vorpommern und Brandenburg. Sehr bald verwehrte ihm die DDR die Einreise in den ländlichen Raum außerhalb Berlins, weil er seine Kritik am Kirchen- und Klassenkampf im Ulbricht-Staat konsequent äußerte.

1961, kurz vor dem Mauerbau, verkündete Papst Johannes XXIII., Döpfner werde neuer Erzbischof von München und Freising. Der Berliner Bischof mochte nur ungern aus der Verantwortung entlassen werden: „Ich wollte nicht einer sein, der seine Herde in notvoller Zeit verläßt."[42]

In seine Münchner Zeit fällt die Tätigkeit für die Weltkirche anlässlich des Zweiten Vatikanischen Konzils, wo er als einer der vier Moderatoren einen relativ liberalen, reformorientierten Ansatz vertrat. Er war Mitglied von vier päpstlichen Kommissionen und ab 1965 Vorsitzender der Deutschen Bischofskonferenz. Als Papst Paul VI. mit seiner Ablehnung der Pille für Enttäuschung in Katholikenkreisen sorgte, war es Döpfner, der jungen Menschen mit seiner differenzierten Einstellung imponierte. Schon zuvor setzte er sich unter anderem für eine Aussöhnung mit Polen und für die Ökumene ein. Die zeitraubenden, anstrengenden Verhandlungen sowie die damit verbunde-

41 Wittstadt, Klaus: *Julius Kardinal Döpfner (1913–1976) – Anwalt Gottes und der Menschen.* Don Bosco, München 2001, 76–79. Eine Biografie verfasste der Heimatforscher Werner Eberth: Julius Kardinal Döpfner zum 100. Geburtstag. Bad Kissingen 2013. Sie enthält zahlreiche Texte Döpfners sowie Presseartikel, u.a. aus der „Kissinger Saale-Zeitung".

42 Abschied von der Braut - DER SPIEGEL.

nen Medienkontakte dürfte ihn gesundheitlich stärker belastet haben, als es nach außen hin den Anschein hatte.

Der Kardinal blieb seiner Heimat verbunden; in der ersten Januarwoche wanderte er oft in der Umgebung von Hausen. Es ist überliefert, dass er das Witzwort „Die Rhön ist schön, doch schöner wäre sie ohne die Rhöner" nicht ausstehen konnte.

Döpfner verstarb an den Folgen eines Herzinfarkts im Alter von fast 63 Jahren. Joseph Ratzinger folgte ihm als Erzbischof von München und Freising nach. [43]

In zwei Räumen des früheren Prämonstratenserinnenklosters im Klosterweg 10 von Hausen ist ein Kardinal-Döpfner-Museum eingerichtet. Virtueller Rundgang mit Telefonnummern zur Anmeldung: www.youtube.com/watch?v=SYa7ejRudhw (zuletzt abgerufen am 29. August 2023).

Tierische Hilfstruppen für Peter Heil. Eine Legende

Der Dreißigjährige Krieg ließ das Saaletal nicht verschont. Nachdem schwedische Truppen Kissingen zwölf Tage lang belagert hatten (1632), war es um die Verteidigung der Stadt denkbar schlecht bestellt. Als die Stadtherren Kissingen übergeben wollten, hatte der Bürger Peter Heil eine einfache, aber wirkungsvolle Idee: Alle 200 Bienenkörbe, die in der Stadt greifbar waren, sollten über die Mauern auf die Angreifer geschleudert werden. Das ist, wenn wir der Legende glauben wollen, auch geschehen. Mit Erfolg – die heftig zerstochenen Schweden brachen ihr Vorhaben angeblich abrupt ab und flohen, so schnell sie konnten. Biologische Kriegsführung kann so einfach sein.

Eine andere Sage erzählt von dem Koch der Botenlaube, der angeblich den aufrührerischen Bauern ein Klopfzeichen auf dem Küchenbrett gab und ihnen die Tür öffnete. Sein Geist soll nicht zur Ruhe gekommen sein, vielmehr ertöne dort heute noch bei Sturm und Regen ein Pochen. Manchmal zumindest.

43 Ausführlich über Döpfner und Hausen: Eberth, Werner: Julius Kardinal Döpfner zum 100. Geburtstag. Bad Kissingen 2013. Der Autor ist Kreisheimatpfleger und Verfasser zahlreicher Monografien über die Geschichte von Bad Kissingen und Umgebung.

14
KLOSTER FRAUENROTH

14. Kloster Frauenroth

Diese ehemalige Abtei der Zisterzienserinnen in Burkardsroth westlich von Bad Bocklet ist nur zu einem kleineren Teil erhalten.

Das Kloster geht auf eine Gründung Ottos von Botenlauben und seiner Frau Beatrix im Jahre 1231 zurück. Einer Sage zufolge entriss ein Windstoß Beatrix' Schleier und trug ihn von der Botenlaube rund elf Kilometer nach Nordwesten, wo das Paar am Fundort ein Kloster gründete. Eine sehr ähnliche Schleier-Legende existiert in Niederösterreich: Dort wird die Gründung des Stifts Klosterneuburg mit dem Fundort eines „verwehten" Schleiers erklärt.[1]

Otto und Beatrix stifteten dem Kloster ihren Besitz in Aschach, Sulzthal und anderen Orten kurz vor ihrem Tod um 1244/45.

Im Chor befinden sich Fresken aus der Zeit um 1450.

Im Bauernkrieg plünderte der „Frauenrother Haufen", ein Trupp von aufständischen Bauern, die Anlage. Im Jahre 1574 kam sie unter die Verwaltung des Bistums Würzburg. Erneute Plünderungen im Dreißigjährigen Krieg und der Abbruch der Seitenschiffe im siebzehnten Jahrhundert beeinträchtigten die Überreste des Klosters weiterhin. Die dadurch verkleinerte, in vereinfachten Formen renovierte Klosterkirche dient seit der Säkularisation 1803 als Dorfpfarrkirche.

Es handelt sich um ein romanisch gehaltenes Gotteshaus, das in seiner Reduktion auf das Wesentliche den zisterziensischen Geist der Einfachheit und Askese atmet. Die Restaurierungen zwischen 1970 und 1972 legten Fresken am Chor frei.

Zwischen Altar und Chor befindet sich die Grablege von Otto und Beatrix.[2]

Der Bildhauer, „Meister von Frauenroth" genannt, schuf eine figürliche Darstellung von Otto und Beatrix um 1270 bis 1280. „Die Grabplatte zeigt das Stifterpaar lebensgroß im Hochrelief und gehört zu den wertvollsten Werken mittelalterlicher Steinplastik. Das Grabmal ist nach [dem Kunsthis-

1 Vgl. Die „Schleierlegende" - Geschichte (klosterneuburg.net)

2 Vgl. den ausführlichen Beitrag Kahsnitz, Rainer : Das Grabmal des Otto von Botenlauben und der Beatrix von Courtenay in Frauenroth. In: Peter Weidisch, a.a.O., 153-202.

vorherige Seite: *Außenansicht Kloster Frauenroth*

Chor mit dem Stiftergrab im Vordergrund

toriker Georg] Dehio ‚einzigartig in der poesievollen Idealisierung höfischer Vornehmheit' und weist stilistisch enge Bezüge zu den Stifterfiguren des Westchores im Naumburger Dom auf"[3], so Rektor i.R. Otmar Zehnter aus Burkardsroth.

Und was ist aus dem Schleier geworden? Der Heimatforscher und Kommunalpolitiker Edi Hahn erzählt in seinem Buch „Eine Führung durch die Kuranlagen" die Anekdote, dass Bundespräsident Theodor Heuss während seiner Kur 1954 einen Besuch in Frauenroth angekündigt hatte. So weit, so gut – aber die 700 Jahre alten kümmerlichen Reste des Schleiers wollte die Pfarrei dem prominenten Besucher nicht zumuten. So präsentierte sie einen neuen Schleier, frisch von einer Braut ausgelehen. Heuss bewies ein gutes Auge und kommentierte in seinem gewohnten Schwäbisch, „Ha no, und Nylon gab's au scho". [4]

3 Markt Burkardroth | Gemeindeteil Frauenroth.

4 Vgl. Hahn, Edi: Eine Führung durch die Kuranlagen. 1200 Jahre Stadtgeschichte. 801 bis 2001. Bad Neustadt 1989, S. 37f. Mehr zu Verkehrsdirektor Eduard „Edi" Hahn (1926-2019), der 36 Jahre lang dem Stadtrat angehörte und unterhaltsame Beschreibungen Bad Kissingens veröffentlichte, unter: Eiserne Hochzeit im Hause Hahn (infranken.de).

Kirche Frauenroth. Grablege der Stifter

15 ASCHACH UND BAD BOCKLET

15. Aschach und Bad Bocklet
(Dialekt: Aschach und Bockelt)

Dicht am südlichen Ortsausgang von Großenbrach ist in östlicher Richtung (rechts) ein Bohrturm zu sehen. Erdöl? Weit gefehlt! Im Bäderland ging es auch an dieser Stelle um eine Mineralquelle: den Luitpoldsprudel „alt", der hier 1906 bis 1908 erstmals „erbohrt" wurde. Dabei wurde eine Tiefe von 913 Metern erzielt. Zugleich galt es, die unterschiedlichen Gesteinsschichten zu erforschen.

Es handelt sich bei dem salzigen Wasser um einen eisenhaltigen Natrium-Calcium-Chlorid-Sulfat-Hydrocarbonat-Säuerling, der täglich in der Brunnenhalle ausgeschenkt wird.

Schloss Aschach[1] wenige Kilometer nördlich von Hausen gehört zu Bad Bocklet. Der mittelalterliche Bau fiel – wie so viele andere – der Brandstiftung im Bauernkrieg zum Opfer. Nachdem die Bauern, zum Wiederaufbau gezwungen, 1527 dieses Werk vollendet hatten, dauerte es nur 25 Jahre, bis der Zweite Markgrafenkrieg nur Schutt und Asche übrig ließ. Die anschließend errichtete Anlage im Renaissance-Stil ist von weitem erkennbar. Nach den Würzburger Bischöfen (bis zur Säkularisation 1802) und den Wittelsbachern fand Schloss Aschach 1829 im kunstsinnigen Schweinfurter Industriellen Wilhelm Sattler, der hier eine Steingutfabrik errichtete, einen neuen Besitzer. Der Verkäufer, König Ludwig I., übertrug es unter der Bedingung, auf bauliche Veränderungen der Außenmauern zu verzichten. 1874 gelangte das Schloss an Friedrich Graf von Luxburg, Regierungspräsident von Unterfranken und Aschaffenburg, der dort des Öfteren Fürst Bismarck empfing. Sein kinderloser Sohn vermachte Schloss Aschach im Jahre 1955 dem Regierungsbezirk Unterfranken.

Im Schlosskomplex bestehen drei Museen: Im Graf-Luxburg-Museum präsentiert die einstigen Wohnräume der Adligen. Die Kunstsammlung beinhaltet u.a. ostasiatisches Porzellan aus dem siebzehnten und achtzehnten Jahrhundert sowie Holztafelgemälde aus dem fünfzehnten und sechzehnten Jahrhundert (Cranach der Ältere) aus den Beständen der Luxburger. Die

---

1 Die Zeitschrift „Frankenland" veröffentlichte 1997 ein Sonderheft über Schloss Aschach und die Familie Luxburg (zehn Aufsätze).

vorherige Seite: *Saale zwischen Kleinbrach und Großenbrach*

Bohrstelle nahe Großenbrach

Rakoczy-Fest: Schloss Aschach

Räume wirken so, als habe die Familie sie soeben zu einem Ausflug verlassen. Außer den perfekt restaurierten, repräsentativen Räumen ist auch die Küche zu besichtigen. Informationstafeln geben Auskunft über Gouvernanten und „Dienstboten" wie Köchin und Fahrer.

Das Schulmuseum im früheren Gärtnerhaus aus dem Jahre 1774 zeigt auf, wie im neunzehnten und zwanzigsten Jahrhundert der Unterricht ablief. Dabei sind Unterrichtsmaterialien wie z.B. Fibeln, Fotografien und vor allem Schulwandbilder zu sehen. Ein Dorfschul-Klassenzimmer aus der zweiten Hälfte des neunzehnten Jahrhunderts ist nachgebaut.

Das Volkskundemuseum im barocken Fruchtspeicher (1792) veranschaulicht das Leben der Rhöner Landbevölkerung zwischen 1850 und 1950: Wie lebten und arbeiteten die Bauern, wie ernährten und wie kleideten sie sich?

Die Museen sind werktags in der Sommersaison vom 1. April bis 31. Oktober von 14.00 bis 17.00 sowie an Sonn- und Feiertagen ab 11.00 Uhr geöffnet.

Zu Schloss Aschach direkt neben den Museen gehört das Restaurant und Café Aschacher Schlossstuben. Es eignet sich als Örtlichkeit für Firmen- und Familienfeste, nicht zuletzt für Hochzeitsfeiern.

Der kleine Schlosspark ist v.a. wegen seines Baumbestandes (22 Arten) bemerkenswert.

Schloss Aschach, Innenhof

In Bad Bocklet, unserer nächsten Station flussaufwärts, kann das Auto auf einem Parkplatz am Ortseingang nahe dem Kurpark abgestellt werden.

Das historische Kurhaus trägt die Aufschrift „Für das Beste der leidenden Menschheit. Erbaut im Jahre 1787". Im Innenhof („Brunnentempel") steht der Brunnen, aus dem das Quellwasser geschöpft werden kann.

Südlich davon dehnt sich der Kurpark bis zur Saale auf einer Fläche von 14 Hektar. Jedes Jahr findet hier an einem August-Wochenende ein musikalisches Fest, die „Gartenparty" statt. Darüber hinaus werden Kurkonzerte (u.a. mit dem Staatsbad-Trio), Yoga und geführte Wanderungen angeboten, ebenso Theaterabende und Kunsthandwerkermärkte.

Das private, staatlich anerkannte Rehazentrum befindet sich oberhalb des dörflich wirkenden Ortskerns. Der moderne, von weitem sichtbare Bau ist seit der Eröffnung 1974 immer wieder erweitert und saniert worden. Er verfügt über 400 Betten. Schwerpunktmäßig werden Präventionsprogramme sowie Anschlussbehandlungen für Patienten mit geriatrischen, onkologischen, urologischen, orthopädischen und psychosomatischen Problemen angeboten. Die Klinik befindet sich auf der Liste der „Top-Rehakliniken Deutschlands" der Zeitschrift „Focus". Mehr darüber: www.rehazentrum-bb.de (zuletzt abgerufen am 29. August 2023).

Früher Klassizismus in dörflicher Idylle

FÜR DAS BESTE DER
LEIDENDEN MENSCHHEIT
ERBAUT IM JAHRE 1787.

Brunnen

Zwischen Kurhaus und Saale

Wiesenlandschaft: Die Saale bei Bad Bocklet

HESCURO-Klinik Bad Bocklet

Bad Bocklet betont in seiner Selbstdarstellung den Dreiklang der „Ganzheitlichkeit": „Körper, Geist und Seele". Mit anderen Worten: „Entschleunigung und nachhaltige Gesundung". Die Broschüre „Einblicke 2021", herausgegeben von der örtlichen Staatsbad und Touristik GmbH, verweist ausführlich auf die von indischen Ärzten und Therapeuten angebotene Ayurveda-Heilmethode, die seit 2014 in Bad Bocklet, Kunzmann's Hotel, angeboten wird. Die Einrichtung gilt als „von Gästen bestbewertetes Zentrum für authentisches therapeutisches Ayurveda und Yoga in Deutschland". Seit 2018 kann diese Therapie, zu der bestimmte, aus Indien importierte Öle und – wenig überraschend – eine bestimmte Palette vegetarischer indischer Gerichte mit ihren spezifischen Gewürzen gehören, zusätzlich im Kurhaus Hotel genutzt werden, auch als ambulante Anwendung für Gäste anderer Unterkünfte.[2]

Die einzige und damit letzte regelmäßig verkehrende Linien-Kutsche ist von Ende April bis Ende Oktober zwischen Bad Bocklet und Bad Kissingen sowie zwischen Bad Kissingen (ab Parkplatz Tattersall; Karten im Arkadenbau an der Information) und Schloss Aschach unterwegs. Das gelbe Gefährt mit einem Postillion in historischer Uniform und vier Pferden nimmt bis zu neun

2 Ayurveda - Bad Bocklet.

Personen pro Rundfahrt auf. Der Preis für Hin- und Rückfahrt beträgt 25 Euro pro Fahrgast. Zwar stieg die Deutsche Post zum 31. Dezember 2018 aus der Finanzierung aus, doch gelang es den übrigen sechs Partnern im Förderverein, die Kutschfahrten fortzusetzen: Stadt und Landkreis Bad Kissingen, die Staatsbad Bad Kissingen GmbH, der Markt Bad Bocklet, Tourist und Staatsbad Bad Bocklet GmbH und der Bezirk Unterfranken. Auslastung: fast 100 Prozent!

Tourismus

Im Jahre 2022 waren in Bad Bocklet 22.298 Gäste mit 190.779 Übernachtungen gezählt worden. Die allermeisten waren Kurgäste (21.628).[3]

Von Bad Bocklet bieten sich Ausflüge in die Rhön an. So ist der Kreuzberg (928 Meter) bei Bischofsheim in einer halben Stunde mit dem Auto erreichbar. Das Franziskanerkloster mit seiner Golgatha-Gruppe aus drei Kreuzen ist Ziel zahlreicher Wallfahrer, die sich auch das Bier aus der Klosterbrauerei schmecken lassen.

Geschichte von Bad Bocklet

1724 entdeckte der Pfarrer von Aschach die Heilquelle von Bocklet, deren Anteil an Eisen der höchste aller Heilquellen Deutschlands ist. Sie trug daher die Bezeichnung „Stahlquelle". Außergewöhnlich hoch ist der Anteil an Kohlensäure.[4]

Auf Weisung der Würzburger Fürstbischöfe sorgte Balthasar Neumann bereits im folgenden Jahr für die Einfassung der Quelle in Form eines Brunnens. Sie trägt daher seinen Namen. In der zweiten Hälfte des achtzehnten Jahrhunderts errichtete das Fürstbistum die historischen Kuranlagen.

Viele Frauen, darunter die Mutter Ludwigs II., Elisabeth von Bayern, haben hier ihre (wirkliche oder vermutete) Unfruchtbarkeit behandeln lassen. Oft mit Erfolg, was wohl nicht immer alleine auf die Anwendung des Heilwassers zurückzuführen war.

---

3 Vgl. Bad Bocklet im Aufwind: Kleines Staatsbad mit großartigen Gästezahlen (mainpost.de).

4 Zu den Hauptbestandteilen siehe: badbocklet_stahlquelle-flyer.pdf (hescuro.de)

Zweifellos stand das dörfliche Bocklet im Schatten des Weltbades Kissingen. 1857 waren unter den 216 Sommerfrischlern die sächsische Kronprinzessin, der ehemalige schwedische Prinz Gustav von Wasa und Prinzessin Amalia der Niederlande. 1878 hielten sich in Bocklet 255 Kurgäste und 350 Passanten auf.

Seit 1937 darf sich Bocklet offiziell als Bad bezeichnen. Das zuständige Landesamt verzeichnet 92 Baudenkmäler.[5]

Die Marktgemeinde ist mit rund 4.723 Einwohnern zum 31. Dezember 2022[6] der kleinste Kurort an der Fränkischen Saale. Von den Bayerischen Staatsbädern verfügt nur Bad Steben in Oberfranken über weniger Einwohner. Dennoch beachtlich: 1961 wurden 3.073 Bockleter gezählt, 1970 waren es 3.491. Die Tendenz ist also steigend, unabhängig von Eingemeindungen.

Im Ortskern

5 denkmalliste_merge_672112.pdf (bayern.de).

6 Im Landkreis Bad Kissingen: Die meisten Kommunen wachsen (mainpost.de).

16
STEINACH

16. Steinach
(Dialekt: Stänich)

Das Dorf, unmittelbar an der Saale Richtung Bad Neustadt gelegen, ist einen Abstecher wert. Zwar ist die Pfarrkirche St. Nikolaus und Katharina nach den Zerstörungen von 1945 in vereinfachter Form wieder aufgebaut worden – nur der spätgotische Kirchturm ist original erhalten. Das Gotteshaus enthält eine Darstellung des gekreuzigten Jesus von Tilman Riemenschneider aus dem Jahre 1516. Im Rücken der lebensgroßen Christus-Figur aus Lindenholz liegt in einem Hohlraum ein Bleiwürfel. Er enthält die Pergament-Urkunde, auf der Riemenschneider bezeugt, der Urheber des Kunstwerks zu sein (eine Kopie ist an der Wand zu sehen). Ein Unikum, denn diese Schöpfung Riemenschneiders ist die einzige, die durch die Unterschrift des Künstlers als sein Werk ausgewiesen ist. Der Würfel beinhaltet Kreuzsplitter und Knochensplitter der heiligen Walpurga. Das Leiden Christi wird durch eingefallene Wangen und tief liegende Augen betont. Die Darstellung von Rippen, Sehnen und Adern wirkt sehr realistisch.

Das Kreuz hing nicht immer an seinem jetzigen Ort an der Chorwand. Vielmehr lagerte es lange Zeit auf dem Dachboden. Im Zuge der Säkularisation, als der bayerische Staat viele Kunstwerke verschleuderte, blieb es offenbar unentdeckt. Und verborgen war auch das Bleikästchen, bis das Kruzifix im frühen zwanzigsten Jahrhundert von Schmutz und Farbschichten befreit wurde. Seit 1903 ist Riemenschneiders Werk zwischen Altar und Chorwand öffentlich sichtbar angebracht.

Geschichte Steinachs

Erstmals urkundlich erwähnt wurde Steinach in einer Schenkungsurkunde Kaiser Ottos II. aus den Jahre 979. Zwei Burgen standen hier: Steinach und Steineck. Nur kleinere Mauerreste sind vorhanden. Die Bedeutung Steinachs ergab sich durch die Wegekreuzung wichtiger Handelsrouten: vom Rhein aus führten Straßen nach Salz (nahe dem heutigen Bad Neustadt), während andere Wege von Würzburg und Schweinfurt aus nördlich verliefen.

Das Dorf erlitt schwere Schäden bei den Kämpfen zwischen Wehrmacht und US-Army im April 1945, insbesondere durch Spreng- und Phosphor-

vorherige Seite: *Riemenschneiders Christus*

brandgranaten. Mehr als dreiviertel aller Wohnhäuser und Gehöfte waren zerstört. Ein Zeitzeuge: „Soweit der Himmel sichtbar war, leuchtete er rot von Feuer. Die unbelaubten Bäume und Sträucher hoben sich düster vom hellen Hintergrund ab. Dann wieder hüllte dichtes Rauchgewölk Himmel und Baumsilhouetten ein. Steinach brennt … der ganze Ort brennt nieder."[1] Heimgekehrte Soldaten errichteten im Frühjahr 1946 die Bergkapelle am Soldatenfriedhof zum Gedenken an die Kriegsopfer.

Heute hat Steinach etwas mehr als 900 Einwohner. Seit 1978 gehört die Marktgemeinde zu Bad Bocklet.

1 Zitiert in: Kampf um Steinach - Bad Bocklet.

17

BAD NEUSTADT AN DER SAALE

P
Rathaus
RATHAUS

17. Bad Neustadt an der Saale

Wer von Bad Bocklet nach „Neuschd" (Dialektbezeichnung) kommt, sieht rechts kurz vor dem Ortsschild die Saalewiesen, die sich bis zum Dorf Salz und dem Stadtteil Mühlbach erstrecken. Es handelt sich um ein Naturschutzgebiet (1999 ausgewiesen), das zum Spazieren und Wandern bestens geeignet ist. Hier finden sich „botanische Raritäten" wie der Salzdreizack, Salzbinse und Erdbeerklee, die sonst nicht (mehr) in Süddeutschland anzutreffen sind. Darüber hinaus stellen die Saalewiesen mit ihren mehr als 150 Hektar Fläche einen Frischluftkorridor dar, der das lokale Klima vorteilhaft beeinflusst. Des Weiteren ist die breite Auenlandschaft beiderseits der Saale ein Hochwasserrückhalteraum. Laut Informationstafel vor Ort leben in diesem Abschnitt der Saale Flussbarsche, Nasen (ein Karpfenfisch) und Flusskrebse.

Außer dem Saaletal zwischen Steinach und Heustreu ist auch das Tal der Brend zwischen Haselbach und Bad Neustadt ein „Natura 2000"-Gebiet: ein Schutzgebiet, in dem seltene Tier- und Pflanzenarten gedeihen.

Stadtrundgang

Das Auto kann auf dem großen Parkplatz neben dem Busbahnhof abgestellt werden. Der Zugang zum denkmalgeschützten Ensemble der Altstadt erfolgt über das einstige Salztor.

Eine Besonderheit an Bad Neustadt ist die vollständig erhaltene Stadtbefestigung. Eine Begehung der herzförmigen, anderthalb Kilometer langen Anlage lohnt sich. Der Mauerring, von vielen Türmen gekrönt, wurde im dreizehnten Jahrhundert angelegt und im sechzehnten Jahrhundert erweitert.

Das mächtigste Stadttor, das 34 Meter hohe Hohntor, stammt aus den Jahren 1578/79. Es gilt als Wahrzeichen der Stadt. Durch das Tor verlief früher der Weg ins Nachbardorf Salz.

Direkt daneben befindet stadtseitig sich das Alte Amtshaus, das 1595 als Sitz des fürstbischöflichen Oberamtmannes errichtet wurde. Heute kann das Gebäude für Veranstaltungen angemietet werden.

In der Hohnstraße reihen sich denkmalgeschützte Objekte aneinander. Bemerkenswert: zwei prächtige schmiedeeiserne Wirtshausschilder am ehe-

vorherige Seite: *Rathaus*

Saalewiesen

Saale bei Bad Neustadt

Busbahnhof nahe dem Triamare

maligen Gasthaus zum Goldenen Löwen, Hausnummer 26. Das Gebäude datiert laut Inschrift aus dem Jahre 1785.

Auf dem sehr langgestreckten Marktplatz fällt eine barocke Brunnenfigur aus dem siebzehnten Jahrhundert auf, die eigentlich eine antike Quellennymphe darstellt, aber im Volksmund als „Marktbärbel" bekannt ist.

Die Bebauung des Marktplatzes lässt sich im Wesentlichen auf das achtzehnte Jahrhundert datieren. Das älteste Haus, ein zweigeschossiger Fachwerkbau am Marktplatz 1, stammt aus dem sechzehnten Jahrhundert. Der Verputz lässt das Haus Marktplatz 29 jünger und wenig auffällig aussehen – tatsächlich handelt es sich um einen Fachwerkbau aus dem sechzehnten/siebzehnten Jahrhundert.

Markant erscheint unter anderem die Stadtapotheke (1750), ein breiter, zweigeschossiger Bau, dessen Verputz das Fachwerk verbirgt.

Ganz in der Nähe, in der Hohnstraße, befindet sich das bereits 1417 errichtete ehemalige Schuhhaus Dietz.

Die Pfarrkirche Mariä Himmelfahrt ersetzte ein älteres, wegen Baufälligkeit und Enge abgerissenes romanisch-gotisches Gotteshaus. Die Bauarbeiten zogen sich durch die napoleonische Zeit und das frühe Königreich Bayern, bis mit Hilfe König Ludwigs I. die Fertigstellung im Jahre

Hohntor

Eine turmbewehrte Wallanlage

Rundweg entlang der Stadtmauer

Zum Goldenen Löwen

Schmideeiserner Aushang des Goldenen Löwen

Marktplatz mit einer Nymphe namens Bärbel

1834 gelang. Nur wenige Pfarrkirchen wurden in dieser Region seinerzeit gebaut. Äußerlich eher schlicht, stellt das Innere mit seiner klassizistischen Ausstattung in einer unterfränkischen Kleinstadt eine Ausnahme dar. Kennzeichnend für den vollkommen in weiß gehaltenen Innenraum sind die elf Meter hohen korinthischen Säulen, die das Hauptschiff von den beiden Seitenschiffen trennen, und die acht Säulen im Altarraum, der – untypisch – nach Westen und nicht Richtung Jerusalem weist. Der verantwortliche Architekt Johann Philipp Mattlener (1785 bis 1857) war ein Schüler des vor allem in Karlsruhe und Baden-Baden an prominenter Stelle wirkenden Friedrich Weinbrenner. Mattlener war Kreis-Bauingenieur des Untermainkreises (heute: Unterfrankens) in Würzburg, nachdem er sich mit klassizistischen Kirchenbauten u.a. in Frankenthal/Pfalz einen Namen gemacht hatte.

In der Nähe des Marktplatzes liegt der traditionelle weltliche und geistliche Mittelpunkt der Stadt:

Das Neue Amtshaus, erbaut zwischen 1717 und 1721 war der Sitz des würzburgischen Oberamtsmannes. Zwei Wappen zieren den Haupteingang: jene der Bauherren und Fürstbischöfe Johann Philipp II. von Greiffenklau-Vollraths und Johann Philipp Franz Graf von Schönborn. Im Königreich

Mariä Himmelfahrt

und Freistaat Bayern fand das Gebäude Verwendung als Landgericht, Forstamt, Bezirksamt und Landratsamt.[1]

Das Rathaus ist ein erst einhundertjähriger Massivbau mit Satteldach und Staffelgiebel. Davor steht eine ehemalige Brunnensäule von 1857.

Die Karmelitenkirche, deren Bau 1352 begonnen wurde, galt jahrhundertelang als schlicht, ja als „arm Gotteshäuslein", womit aber keine Geringschätzung der angesehenen Ordensleute gemeint war. Erst nach dem Dreißigjährigen Krieg kam es zu einer prächtigen Ausstattung der äußerlich wenig auffälligen Kirche: Der Epoche entsprechend wandelte sich die Ausstattung im Stile des Barock und des Rokoko. Der Hochaltar (um 1700) und der Vierzehn-Nothelfer-Altar gehören sicher zu den herausragenden Monumenten ihrer Art an der Fränkischen Saale. Darüber hinaus ist die hölzerne Kassettendecke zu nennen. Rokoko-Pracht kennzeichnet auch die Kanzel, geschaffen von Johann Joseph Keßler aus Königshofen, dem in Münnerstadt Altäre und Kanzel der Augustinerkirche zu verdanken sind. Die Orgel (gebaut von Johann Ignatius Samuel Will) von 1722 ist größtenteils im Original erhalten.

Ein Beichtstuhl, gekrönt von der Büste eines Karmelitenbruders als Büßer mit eiserner Kette und einem schweren Stein am Hals und Kruzifix in der rechten Hand ist originell an einem Stützpfeiler zum Seitenschiff platziert.

Zu den ältesten Teilen dieser als einzigen erhaltenen Karmeliterkirche in Unterfranken gehören Grabdenkmäler und v.a. die Loretokapelle (ca. 1450), auch wenn deren Altar mit der Schwarzen Madonna aus der Barockzeit stammt, sowie das Kruzifix (1450) vor dem Kreuzaltar.

Die Säkularisation führte zum Ende des Klosters, so dass die Klosterkirche nach Fertigstellung der neuen Pfarrkirche Mariä Himmelfahrt in den Besitz der Stadt überging. Im Jahre 2021 standen umfangreiche Renovierungsarbeiten an. 2022 war sie wieder zugänglich.

Insgesamt verfügt Bad Neustadt über 200 Baudenkmäler. Die Altstadt ist ein denkmalgeschütztes Ensemble.[2]

---

1 Heraldik: Photos von Wappen in architektonischem Zusammenhang, Dokumentation und Datenbank (welt-der-wappen.de).

2 denkmalliste_merge_673114.pdf (bayern.de).

Neues Amtshaus mit Wappen

Decke aus dem Jahre 1680

Kanzel

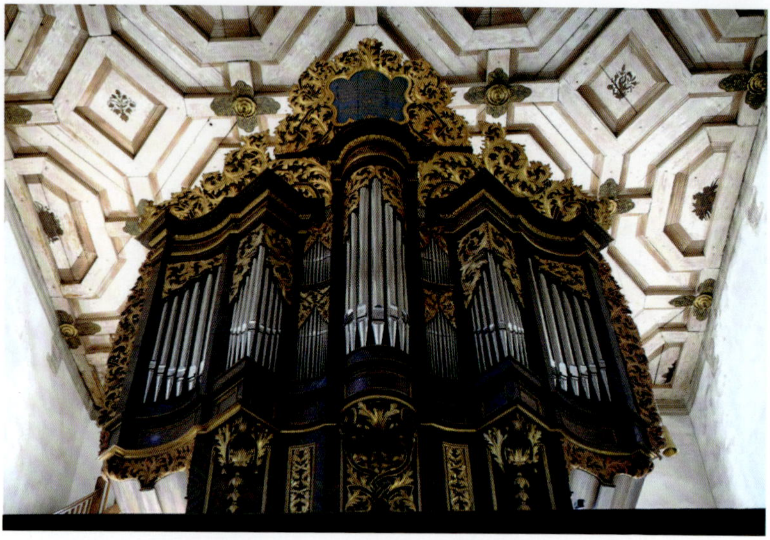

Orgel

Altar

Beichtstuhl

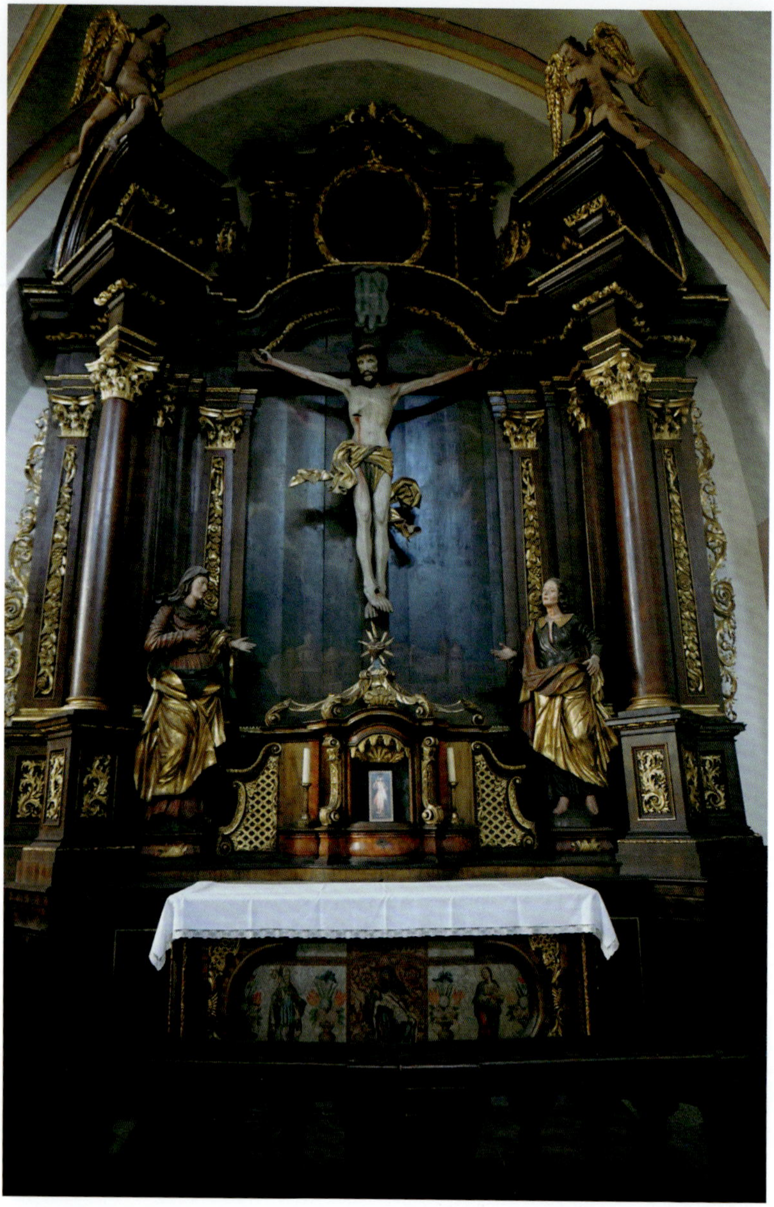

Kreuzaltar

St.-Anna-Kapelle in der Karmeliterkirche

Die Stadthalle, im März 2017 eröffnet, wurde im gleichen Jahr mit dem Iconic Award und 2018 mit dem German Design Award ausgezeichnet.

Das Gebäude befindet sich nahe der Mühlbacher Straße, südwestlich der Altstadt unweit des Busbahnhofs, wo genügend Parkplätze zur Verfügung stehen. Als Veranstaltungsort für Konzerte, Tagungen, Abschlussbälle, Firmenfeiern, private Feste etc. bietet die Stadthalle einen großen Saal (800 Sitzplätze) und, im Obergeschoss mit Blick auf die Altstadt, einen kleinen Saal und zwei Seminarräume. Darüber hinaus wird das Foyer mit Bar für Bankette, Kammermusik und Lesungen empfohlen: maximal sind dort 144 Sitzplätze verfügbar.

Auf google.de/maps erhielt die Stadthalle die Bewertung 4,4 (von 5), auf der Basis von 413 Stellungnahmen (Stand: 10. Juni 2023).

Bad Neustadt als Kurstadt und Klinikstandort

Die Geschichte des Kurbades beginnt 1853, als Elisabeth von Haxthausen (vgl. das Kapitel über die Salzburg) die drei Heilquellen einfassen und das erste Badehaus errichten ließ. Die Elisabeth-, Bonifatius- und Karl-Theo-

Karmeliterkirche

Das Neue spiegelt das Alte: Stadthalle und Hohntor

dor-Quelle „sind Kochsalzsäuerlinge mit einem erheblichen Gehalt an Bitter- und Glaubersalz".[3] In Bad Neustadt werden seit dem neunzehnten Jahrhundert „Wirbelsäulen- und Gelenkerkrankungen, rheumatische Erkrankungen, Herz-, Kreislauf- und Gefäßerkrankungen, Erkrankungen der Verdauungsorgane (Magen, Darm, Leber, Galle), des Stoffwechsels (unterstützende Behandlung bei Diabetes, Gicht), Frauenleiden, Störungen des vegetativen Nervensystems, Neurologische Krankheitsbilder, Psychosomatische Erkrankungen, Abhängigkeitserkrankungen" behandelt. Drei Kurärzte und 40 Fachärzte wirken hier. [4]

In den vergangenen Jahren verbesserte sich die Qualität des Klinik- und Rehastandorts Bad Neustadt.

Die Rhön-Kliniken AG, die ihren Sitz in Bad Neustadt hat, errichtete einen „Campus". Dieser private, börsennotierte Klinikbetreiber investierte vor Ort rund 250 Millionen Euro. Eröffnungsdatum des Klinikverbunds war der

3 Gesundheitseinrichtungen » Tourismus & Stadtmarketing Bad Neustadt (bad-neustadt-erleben.de).

4 Bad Neustadt/Saale | Rehakliniken.

1. Januar 2019. Der Vorteil nach Angaben des Betreibers liegt in der sektorenübergreifenden Gesundheitsversorgung: der niedergelassene Facharzt, Klinik, Reha und Pflege sind nicht nur organisatorisch, sondern räumlich unmittelbar verbunden, fast „unter einem Dach".

Das Zentrum für klinische Medizin beherbergt auf einer Grundfläche von 17.000 Quadratmetern 24 Stationen mit insgesamt 670 Patienten-Betten, davon 40 Intensiv-Betten, sowie 14 „normale" und zwei hybride Operationssäle.

Das Zentrum für ambulante Medizin beherbergt unter seiner markanten Glaskuppel dreißig Facharztpraxen, daneben weitere Gesundheitsdienstleister.

Schon im ersten Jahr wurden 78.000 Patienten betreut. 2020/21 waren hier mehrere hundert Corona-Patienten stationär behandelt worden.

Hier arbeiten derzeit mehr als 3.000 Personen: Ärzte, Krankenschwestern, Pflegekräfte, Physio- und Ergotherapeuten, Köchinnen, Computerspezialisten und Ingenieure. Wichtig ist der Campus als Ausbildungsstandort: Mehrere Kliniken sind als Akademisches Lehrkrankenhaus der Philipps-Universität Marburg ausgewiesen.

Seit Mai 2022 gibt es für Personen mit langem Anfahrtsweg, die vor einer Behandlung oder Operation stehen, das Patientenhotel im oberen Stockwerk der Psychosomatischen Klinik am Kurpark.

Eingang zum Campus

Was leisten die Kliniken im einzelnen? Beispiel Handchirurgie: Die zuständige Klinik gehört mit weit mehr als 6.000 operativen Eingriffen zu den großen handchirurgischen Spezialkliniken in Deutschland. Erkrankungen der Hand einschließlich des Ellbogengelenks sowie angeborene Fehlbildungen werden hier behandelt. Focus-Arztsuche.de billigt der Handchirurgie einen sehr hohen Standard in Bezug auf Medizin-Score und einen hohen Standard bezüglich Pflege und Hygiene zu.

Beim neuesten Bau handelt es sich um die Psychosomatische Rehabilitation am Kurpark mit 102 Einzelzimmern für Patienten, eröffnet am 16. August 2021. Darüber hinaus betreiben die Rhön-Kliniken weitere Standorte unter anderem in Frankfurt/Oder und Bad Berka.

Die Rhön-Klinikum AG ist untrennbar mit dem Namen Eugen Münch verbunden. Als Geschäftsführer der Kurbetriebs- und Verwaltungsgesellschaft mbH sanierte er das angeschlagene Unternehmen (1970 bis 1974), benannte es in Rhön-Klinikum GmbH um und wirkte als Vorstandsvorsitzender der seit 1988 an der Börse notierten Aktiengesellschaft (bis 2005). Seitdem steht er dem Aufsichtsrat vor. Münch, Jg. 1945, ist seit 2015 Ehrenbürger Bad Neustadts in Anerkennung seiner Verdienste um die Wirtschaft der Kurstadt.

2020 erwarb die Asklepios-Gruppe die überwiegende Aktienmehrheit der Rhön Klinikum AG.

Thermal- und Sportbad

Zu einer Kurstadt gehört eine Therme. In Bad Neustadt heißt sie Triamare. Mehr als in anderen Badepalästen der Kurorte bieten sich hier Möglichkeiten zum Schwimmsport mit einem 50-Meter-Becken außen, einem 25-Meter-Becken innen und einen Sprungturm mit fünf Brettern von einem bis zu zehn Metern Höhe. Auch die Riesenrutsche mit 94 Metern Länge weist auf den Spaß- und Erlebnischarakter hin. Im Sommerhalbjahr werden die Beachvolleyballfelder und Tischtennisplatten gerne genutzt.

Der Saunabereich umfasst neben der üblichen Finnischen Sauna (85 Grad Celsius) eine Blockhaus-Aufguss-Sauna (90 Grad), ein Sole-Dampfbad (55 Grad), ein 40-Grad-Dampfbad, ein Tepidarium („lauwarmer Raum“) mit

55 Grad und ein Tecaldarium (45 Grad) sowie eine Erlebnisdusche mit Wasserfall, Eisbrunnen und Tropennebel.

Schloss und Park

Das spätbarocke zweistöckige Schloss mit zwei Seitenflügel war nach 1888 Kurhaus und dient heute als Vier-Sterne-Schlosshotel. Es war das „neue Haus", das mit Abschluss des Baus 1773 an Stelle eines älteren Schlosses trat und dem Ort den Namen gab. Bauherr war der Würzburgische Hof- und Regierungsrat Egid von Borie, Architekt Heinrich von Todesco. Das Gebäude wurde 2006 umfassend renoviert und 2020/2021 erweitert. Der Kurpark schließt sich direkt an das Schlosshotel an. Die Schlosskapelle unmittelbar daneben stammt aus den Jahren 1773 bis 1776.

Der Kurpark am Schloss, den die Saale durchfließt, erstreckt sich auf einer Fläche von 5,8 Hektar. Es handelt sich um einen etwa 150 Jahre alten Landschaftspark nach englischem Vorbild, der seine frühere barocke Landschaftsarchitektur nicht ganz verleugnen kann: Steinputten sowie die Blickachsen auf das Schloss und die Wandelhalle weisen darauf hin. Im Jahre 2021 wurde der Kurpark saniert.

Nahe der Saale, über der Karl-Theodor-Quelle, befindet sich eine metallene Skulptur des sehr bedeutenden ungarischen Bildhauers Imre Varga (1923 bis 2019). Sie zeigt einen Adler, der nach einer Schlange greift. Eine Informationstafel fehlt. Bei diesem Reptil könnte es sich um die Äskulapnatter handeln, die zu den Symbolen der Medizin (mit Stab) und der Pharmazie (mit Schale der Hygieia) gehört.

In Bad Kissingen stehen weitere Varga-Skulpturen: Fürst Rakoczy vor der Wandelhalle und der Geldwechsler in der Sparkassen-Passage. Die Quelle ist nach Karl Theodor von und zu Guttenberg (1854 bis 1904) benannt, der die Tochter und Erbin der Heilbadgründerin Elisabeth von Haxthausen geheiratet hatte.

Tourismus

Im Jahre 2022 verzeichnete Bad Neustadt 34.367 Gäste in den 19 Hotels und Pensionen mit mehr als zehn Betten. Sie hielten sich im Durchschnitt

Schloss

An der Terrasse

Schlosskapelle

Im Kurpark

Barocke Parkfiguren vor der Wandelhalle

Schlangenadler mit Äskulapnatter

9,4 Tage auf. Dies ergab 303.878 Übernachtungen. Seit Oktober 2021 stehen 1.314 Betten zur Verfügung.[5]

Wirtschaft

Bad Neustadt ist in viel höherem Maße als Hammelburg und Bad Kissingen ein Industriestandort. Ein wesentlicher Grund ist wohl die Kreuzung der Verkehrslinien Schweinfurt-Suhl und Bamberg-Fulda, also die Nähe zu Hessen und Thüringen, und im Falle Siemens auch die Bahnlinie Berlin-Stuttgart. Das Gewerbegebiet Am Dolzbach dehnt sich im Nordosten der Stadt am Bundesstraßen-Kreuz von B 19 und B 279 auf einer Gesamtfläche von ca. 700.000 Quadratmeter. Aus der Drohnenperspektive fallen hier die großflächigen Fabrikhallen von Siemens, Kunert und JOPP sofort auf.

Bemerkenswert ist der hohe Anteil an ehemaligen und derzeitigen Familienunternehmen, die seit ihrer Gründung in Bad Neustadt dort ihren Stammsitz behielten und international expandierten.

Die Preh GmbH begann mit Bauteilen für Radiogeräte. Gründer Jakob Preh und seine Mitarbeiter brachten 1924 ein eigenes Zwei-Röhren-Radio auf den Markt. Unter nicht immer leichten Bedingungen gelang es, die Produktpalette zu modernisieren und sich schließlich als Automobilzulieferer (ab 1932) zu etablieren. Hier arbeiten rund 1.700 Beschäftigte an der Entwicklung und Fertigung von Premium-Bedienteilen für PKW- und Nutzfahrzeughersteller: Batteriemanagement-Systeme gehören ebenso zur Produktpalette wie Audio- oder Klimabedienteile und Temperaturregelungssoftware.[6] Die Firma gehört seit 2011 zur chinesischen Joyson Gruppe.

Firmengründer Jakob Preh, geboren 1889, versuchte am 7. April 1945, die Stadt an die Amerikaner zu übergeben. Dazu hatte er sich das Einverständnis der örtlichen NS-Führer geholt. Trotzdem erschoss ihn ein SS-Mann unmittelbar zuvor. Sohn Walter Preh (1913 bis 1971) und Schwiegertochter Rosemarie Preh (1921 bis 2005) setzten sein Werk sehr erfolgreich fort.
Nach Jakob Preh ist die Neustädter Berufsschule benannt.

5 Auskunft von der Tourismus & Stadtmarketing NES, Juni 2023.

6 Preh - Automotive HMI, Bediensysteme für Klimatisierung, Mittelkonsole.

Ebenfalls 1919 gründete Theodor Valentin Jopp einen Hersteller für Fahrradteile in Bad Neustadt. „Heute fertigt JOPP als Zulieferer der Automobilindustrie Präzisionsdreh- und Sinterteile sowie Elektronikbaugruppen und Lederteile für den Innenraum. Das Unternehmen entwickelt und fertigt Getriebeschaltungen, mechatronische Baugruppen sowie Beölungs- und Kühlsysteme". [7] Jopp Interior Solutions GmbH (so der Name seit 2022) eröffnete im Jahre 2019 ein neues Entwicklungszentrum in Bad Neustadt und verfügt über Fertigungsorte in anderen deutschen Städten, in Tschechien, Ungarn, Mexiko und Indien. JOPP machte sich darüber hinaus einen Namen in der Wissenschafts- und Kunstförderung.

Die BSH Hausgeräte fertigt mit rund 450 Mitarbeitern, davon 55 in der Sparte Forschung und Entwicklung, mehr als zwei Millionen Staubsauger im Jahr. Bei diesem Werk, 1937 als Siemens-Elektromotorenwerk II gegründet, handelt es sich um den größten Staubsaugerhersteller in Deutschland und Europa.

Die Hans Geis GmbH & Co. KG, ein Speditions- und Logistik-Dienstleister, entstand im August 1945 in Bad Neustadt und unterhält im In- und Ausland 200 Standorte. Auch die Geis Group ist ein mittelständisches Familienunternehmen.[8]

Ein weiteres familiengeführtes, international tätiges Unternehmen mit langer Tradition ist die Kunert-Gruppe. 1948 entstand in Bad Neustadt die Wellpappen & Kartonagenfabrik Paul & Co. 1957 gründeten die Brüder Anton, Walter und Karl Kunert eine neue Firma mit Produktionshalle, Bürogebäude und Kesselhaus. Erweiterungen und Modernisierungen folgten. Seit 2019 ist in Bad Neustadt ein neu errichtetes Logistikzentrum auf einer Fläche von 15.000 Quadratmetern und einem 42 Meter hohen Hochregallager in Betrieb.[9]

Seit 1937 ist Bad Neustadt ein Siemens-Standort: das Stammwerk für die Herstellung von Elektromotoren. „In keinem anderen Siemens-Werk ist die Digitalisierung so weit vorangeschritten wie in Bad Neustadt. Jetzt macht Siemens einen weiteren Schritt nach vorne und nimmt ein vollautomatisches Hochregallager in der Halle B3 in der Industriestraße in Betrieb. Das

7 Persönlichkeiten » Tourismus & Stadtmarketing Bad Neustadt (bad-neustadt-erleben.de).

8 Startseite | Geis Group (geis-group.eu).

9 Herkunft & Zukunft - Kunert Wellpappe.

Palettenlager hat 4.400 Stellplätze, verkürzt innerbetriebliche Transportwege immens und sorgt zudem in Sachen Warenannahme für zentralisierte und optimierte Prozesse".[10]

Die Bayerische Staatsregierung bestimmte im Jahre 2010 Bad Neustadt zur ersten bayerischen Modellstadt Elektromobilität. Durch das Technologietransferzentrum Elektromobiltät (TTZ-EMO) mit seinen fast 40 Mitarbeitern werden Forschung und Entwicklung weit über die Autoproduktion gefördert, unter anderem durch eine Stiftungsprofessur, deren Finanzausstattung durch mehrere Firmen wie Preh, Jopp sowie der öffentlichen Hand auch für die Jahre 2022 bis 2027 gesichert ist. Dieses erste Institut für Elektromobilität in Bayern ist Teil der Fachhochschule Würzburg-Schweinfurt. Damit bleibt Bad Neustadt ein Hochschulstandort. Das TTZ-EMO ist in der Berufsschule untergebracht.

Insgesamt ist der Wirtschafts-Standort in guter Verfassung, ungeachtet der Beeinträchtigung durch Corona 2020ff.: Die Nachfrage nach Bauflächen zur gewerblichen Nutzung ist hoch.

Im Juni 2021 zeichnete die IHK Würzburg-Schweinfurt die Stadt Bad Neustadt bereits zum zweiten Mal als „ausgezeichneten Wohnort für Fachkräfte" aus.

Die Salzburg

Etwa ein Kilometer östlich von Bad Neustadt, oberhalb des Kurviertels Neuhaus und nahe den Kliniken, befindet sich die Salzburg.

Ihre Ursprünge liegen ein wenig im Dunkeln, weil die angeblich erstmalige Erwähnung in einer Urkunde Ludwigs des Frommen nicht mehr im Original erhalten, sondern in einer Kopie aus der Zeit um 1160 verzeichnet ist – und diese Urkunde könnte gefälscht sein (wie manche andere Privilegien jener Zeit). Keine Zweifel kann es aber an den frühmittelalterlichen Anfängen Bad Neustadts und seiner Umgebung geben: An Stelle der Salzburg dürfte eine königliche Pfalz namens Salz aus der kurzen Regierungszeit Kaiser Ottos III.

10 Bad Neustadt: Siemens nimmt vollautomatisches Hochregallager in Betrieb (mainpost.de).

um das Jahr 1000 gestanden haben, von der heute keine Überreste mehr sichtbar sind. Bauherr der Ganerbenburg Salzburg – damit ist eine von mehreren Besitzern besiedelte Burganlage gemeint – ist Gebhard von Henneberg, Bischof von Würzburg. Entstanden ist sie zwischen 1150 bis 1159. Kurioserweise scheint er sie gegen das Machtstreben seiner eigenen Verwandten, die Grafen von Henneberg, errichtet zu haben. Gebhard von Henneberg war ein Vertrauter Friedrich Barbarossas. Die auf einer Fläche von einem Hektar ausgedehnte Burg war Amtssitz von sechs Burgmannen aus dem Würzburger Dienstadel, so dass sie aus sechs Einzelburgen besteht. Damit gehört die Salzburg zu den größten Burgen Mitteleuropas. Die Ringmauer ist 450 Meter lang.

Im Gegensatz zu vielen hier beschriebenen Objekten kam es im Bauernkrieg 1525 zu keinen größeren Beschädigungen. Der Verfall setzte erst im achtzehnten Jahrhundert ein. Seinerzeit lebte innerhalb der Burganlage ein Schäfer mit seiner Herde, und mancher Stein verschwand zu Bauzwecken in den umliegenden Dörfern. Ein Auswärtiger, der in Kissingen weilende Kurgast Werner Freiherr von Haxthausen aus Westfalen, war fasziniert von dem Burgenkomplex und erwarb 1837 die Salzburg. 1841 legte er im Beisein von König Ludwig I. den Grundstein zu einer neuen Burgkapelle. Seine Witwe Elisabeth sollte wenige Jahre später einen sehr wertvollen Beitrag für die weitere Entwicklung der Stadt leisten (siehe oben).

Die Junge Philharmonie Rhön-Grabfeld nutzt den Innenhof der Salzburg zu Klassik-Konzerten, beispielsweise am 29. Juli 2023 zur Operngala „Sommernachtsträume". Einen Tag später gastierte Max Mutzke mit der SWR Big Band.

Die Salzburg ist in privatem Besitz. Teile sind heute noch bewohnt. Hier befindet sich das Familienarchiv mit Quellen zu Karl Ludwig von und zu Guttenberg und seiner Zeitschrift, den „Weißen Blättern".

An mehreren Terminen im Sommer finden Führungen durch die Burg statt.

Geschichte Bad Neustadts

Siedlungen der späten Steinzeit und der Hallstattzeit und ein Bestattungsplatz der Urnenfelderzeit sind nachgewiesen.[11]

11 denkmalliste_merge_673114.pdf (bayern.de).

Die Salzburg

Die Umgebung Neustadts ist altes Karolingerland. Auf einer Fläche von (wohl) mehr als 600 Quadratkilometern dehnte sich der königliche Besitz unter dem Namen „Salz". Dabei handelte es sich um Wald und Felder, Fischteiche, Viehbestände, Handwerksbetriebe. Mehr noch: Hier kam es zu politischen Begegnungen und Entscheidungen. Auf dem Veitsberg stand eine karolingische Königspfalz, von der heute nur wenige Fundamentreste zeugen. Die Entdeckung einer zur Königspfalz gehörenden Kapelle im Jahre 2021 stufte die Ausgrabungsleiterin Petra Wolters (Universität Jena) als Sensation ein, zumal vorher nur von vier Karolingerpfalzen im Reich auszugehen war. Karl der Große weilte erstmals im Jahre 790 hoch über dem Saaletal unmittelbar südwestlich des heutigen Bad Neustadt. Im Jahre 803 hielt sich dort Kaiser Karl für mehr als einen Monat auf, um dabei hochrangige Gesandte des oströmischen Kaisers und des Patriarchen von Jerusalem sowie seinen Verbündeten, den Patriarchen von Grado, Fortunatus, zu empfangen. Da das Frankenreich über keine dauerhafte Hauptstadt verfügte, war das Königsgut nahe dem späteren Bad Neustadt einer der wichtigsten Orte des Reiches. Unter seinen Nachfolgern ging die Bedeutung zurück: „Der letzte überlieferte Königsaufenthalt findet im Jahr 948 statt. In fünf Teilschenkungen wird das Pfalzgebiet dann ab 974 an das Stift St. Peter in Aschaffenburg und vor allem an das Bistum Würzburg übertragen"[12]

Archäologische Grabungen begannen im Jahre 2009 und werden im Jahre 2022 fortgesetzt, beachtet von der Bevölkerung und den Medien.

Der Archäologe Andreas Wunschel vermutet, dass es unterhalb des Veitsbergs wenige hundert Meter westlich von Bad Neustadt eine mittelalterliche Anlegestelle zum Be- und Entladen der Schiffe gegeben hat. Zwar fand sich kein Nachweis, doch können wir davon ausgehen, dass die Fränkische Saale mindestens bis Neustadt schiffbar gewesen ist. Der Flusslauf veränderte sich in den vergangenen Jahrtausenden kaum, doch war die Saale ursprünglich viel tiefer. Im Laufe der Jahrhunderte füllte sich das Flussbett um zwei bis drei Meter mit Sand und Erde aus der Rhön.[13]

---

12 Wolters, Petra: Archäologische Untersuchungen zum Früh- und Hochmittelalter im Neustädter Becken. In: Albert, Reinhold (Hrsg.): Heimat-Jahrbuch Rhön-Grabfeld 2022, 46-55, hier 50. Königspfalz Salz: Forschungen im Pfalzgebiet Salz (pfalz-salz.de)

13 Vgl.: Karl der Große reiste per Schiff an: Auf der Fränkischen Saale (mainpost.de).

Laut Gründungssage Neustadts ließ Karl der Große, der Vater Ludwigs des Frommen, Neustadt ganz bewusst nach einem herzförmigen Grundriss bauen, um damit die Liebe zu seiner (vierten) Frau Fastrada auszudrücken.

Die erste bekannte urkundliche Erwähnung ist allerdings mehr als vierhundert Jahre jünger: Sie datiert von 1232.

Durch die Stadt an der Saale führte einst der Pilgerweg von Stade nach Rom („Via Romea"). Der Förderverein „Fördervereins Romweg – Abt Albert von Stade e.V." widmet sich der Erinnerung und Wiederbelebung der Via Romea – und konnte einen großen Erfolg verzeichnen: Mit Datum vom 28. Oktober 2020 erkannte die Kommission des Europäischen Rates diese Straße als „Europäische Kulturroute" an. Benachbarte Stationen auf diesem historischen Weg sind Mellrichstadt und Münnerstadt.

Im Bauernkrieg stand Neustadt auf der Seite der Aufständischen.

Zu Lebzeiten Martin Luthers fand die Reformation hier zahlreiche Anhänger. Die Gegenreformation nach 1585 ließ die Stadt wieder katholisch werden. Viele Protestanten mussten Neustadt verlassen.

Neustadt gehörte zur Herrschaft der Würzburger Fürstbischöfe. Nach Aufhebung des geistlichen Herrschaft Würzburg bzw. des Großherzogtums Würzburgs kam Neustadt im Jahre 1814 zum Königreich Baiern (ab 1825: „Bayern"). Seit 1871 ist Neustadt an die Bahnlinie Schweinfurt-Meiningen angeschlossen. Ab 1919 wuchs die wirtschaftliche Bedeutung Bad Neustadts, zunächst durch die Firma Preh und seit 1937 durch die Ansiedlung der Siemens-Schuckert-Werke.

Die traditionelle Wählerbindung der Saaleregion an die konservative Bayerische Volkspartei ist auffällig. Im Bezirk (Bad) Neustadt erzielten die Schwarzen in der letzten halbfreien Reichstagswahl 1933 gegenüber den Braunen sogar 63,4 Prozent versus 27,6 Prozent.

Seit 1934 darf sich Neustadt a.d.Saale offiziell als „Bad" bezeichnen, nachdem Bad Neuhaus eingemeindet wurde.

Im Zweiten Weltkrieg kam es zu Schäden durch deutsche Artillerie unter anderem an der katholischen Pfarrkirche, der Trafo-Station und in der Zwiebelgasse, als die Amerikaner einrückten.

Seit 1973 ist Bad Neustadt offiziell Sitz der Verwaltung des Landkreis Rhön-Grabfeld mit 37 Gemeinden und über 80.000 Einwohnern (2022).[14] In

14 Mehr über den Landkreis: 50 Jahre LK Festschrift-Druck-2te Auflage (yumpu.com)

die 1970er Jahren fallen die Eingemeindungen der kleinen Dörfer Dürrnhof, Löhrieth und Lebenhan sowie der größeren Orte Herschfeld und Brendlorenzen.

Ende der 1990er Jahre hatte Bad Neustadt eines der höchsten Einkommensteueraufkommen unter dem deutschen Städten.

In Bad Neustadt leben 15.517 Einwohner (31. März 2022). In der Kernstadt (Altstadt/östliche Außenstadt) wurden nicht einmal 2.000 Personen gezählt, im größten Stadtteil Brendlorenzen etwas mehr als 4.000 Personen.[15] Mit anderen Worten: Die historische Altstadt hat die Größe eines Dorfes, während die weitaus meisten Bewohner in den neueren Stadtteilen wie Gartenstadt und Herschfeld siedeln.

Kloster und Brauerei

Eine der ältesten Brauereien Bayerns, die Karmeliter Bräu, hat ihren Sitz in Bad Neustadt-Salz.

Nachdem die verheerendste Pestepidemie in Europa Mitte des vierzehnten Jahrhunderts in Neustadt keine Todesopfer forderte, kamen Bürger und Stadtrat ihrem Gelübde nach, hier ein Kloster zu Ehren „Unserer lieben Frau von Karmel" zu errichten. Die Bettelmönche des Karmeliterordens wirkten hier bis zur Säkularisation 1803. Ein der Regel der Karmeliter entsprechend schlichtes Gotteshaus St. Peter und Paul in der Rathausgasse 2 konnte in der Barock- und Rokokozeit großzügig erneuert und ausgestattet werden. Hochaltar, Kanzel und Kassettendecke entstanden dank der damaligen Stiftungen und Spenden. Die einstige Karmeliterkirche, heute im Besitz der Stadt, ist die einzige erhaltene Kirche jenes Ordens in Unterfranken.

Zum Klosterbetrieb gehörte das Brauen: Karmelitermönche begannen 1352 mit der Bierproduktion. Die Brauerei überlebte die Säkularisation: Seit 1923 befindet sie sich im Besitz der Familie Brust, und ist im Stadtteil Salz angesiedelt. Die Produktpalette reicht vom Dunkelbier über den „Klostertrunk", Bayerisches Helles, Pils und ein Märzen bis zum Weizen.

15 A1200C 202241 (bayern.de), Einwohnerstatistik 2020: Bad Neustadt nimmt weiter ab (mainpost.de).

Eine Persönlichkeit von überregionalem Rang

Gemessen an ihrer Bevölkerungszahl hat Bad Neustadt eine beachtliche Zahl von bedeutenden Persönlichkeiten hervorgebracht.[16]

Eine von ihnen entstammt dem bekannten fränkischen Adelsgeschlecht, seine Lebensleistung scheint aber nur Fachleuten geläufig zu sein: Karl Ludwig Freiherr von und zu Guttenberg.

Geboren am 22. Mai 1902, studierte Guttenberg Geschichte, promovierte im Jahre 1929 und wirkte fortan als Publizist: Er gründete und redigierte das Monatsperiodikum „Monarchie – Zeitschrift für deutsche Tradition" (1932 bis 1934). War er also ein Reaktionär, der die „Asche" bewahrte, anstatt das „Feuer" zu nähren? Nein! „Guttenberg selbst, tief verwurzelt in Religion und Geschichte, eben in der Tradition, stellte sein Leben lang immer wieder gerade das, was ihm lieb und wert war, zur Diskussion, um ihm neuen und festeren Sinn zu verleihen".[17] Engstirnigkeit und Verbitterung hätte wohl seinen heiter-ironischen Umgangsformen widersprochen. Als die Nationalsozialisten die „Monarchie" verboten, schuf er eine weitere Zeitschrift, die „Weißen Blätter". Er selbst verfasste dort keinen einzigen Text, gewann aber Autoren wie Reinhold Schneider, Rudolf Alexander Schröder, Jochen Klepper und Werner Bergengruen. Die Auflage lag bei etwa 1.700 Exemplaren. 1943 musste die Publikation eingestellt werden. Ein Leser schrieb dazu: „In einer Zeit, da die Menschheit Anstalten macht, sich zu entgeistigen, war es immer eine besondere Freude, wenn die Weißen Blätter eintrafen und einen Hauch der Besinnlichkeit und Reife mit sich zu bringen schienen". Eine Leserin würdigte rückblickend: „... die Leserschaft der Weißen Blätter ist ja wirklich wie eine ‚Gemeinde', deren innerer Zusammenhalt und Einklang mir schon oft Mut und Kraft gegeben hat".[18]

Guttenbergs Stärke war es, Kontakte aufzubauen und zu pflegen: Seine Wirkung entfaltete sich im persönlichen Gespräch. Offenbar war gerade dies, zunehmend unter konspirativen Umständen, im geistigen Widerstand

16 Vgl. Bad Neustadt an der Saale – Wikipedia.

17 Maria Theodora von dem Bottlenberg-Landsberg: Die „Weißen Blätter" des Karl-Ludwig Freiherrn von und zu Guttenberg. Zur Geschichte einer Zeitschrift monarchistisch-religiöser Opposition gegen den Nationalsozialismus 1933-1943. Berlin: Gedenkstätte deutscher Widerstand 2001, 5.

18 Ebd. 27.

gegen ein totalitäres Unrechtssystem das Richtige. Er pflegte Verbindungen zum Kreisauer Kreis, zu Hans von Dohnanyi und Justus Delbrück, zum militärischen Widerstand um Ludwig Beck, vor allem aber zu Ulrich von Hassel. Seine Tagebucheinträge und Notizen, aus Vorsicht vor Hausdurchsuchungen auf der Salzburg eher selten angelegt, belegen dies. Durch diese Freundschaften näherte sich der im positiven Sinne standesbewusste Guttenberg auch republikanisch-demokratischen Grundsätzen als Nachkriegs-Ziel an. Jedenfalls beobachtete die Gestapo den fränkischen Adligen verschärft seit 1943 und verhaftete ihn im Juli 1944. Der Folter zum Trotz verriet er nichts und niemandem – ein letztes Mal dem Wahlspruch seiner Familie „Treu und verschwiegen" folgend. SS-Schergen ermordeten ihn und andere Gefangene in der Nacht vom 23. auf den 24. April 1945, als um sie herum bereits die Schlacht um Berlin tobte.

Nach Studienabschluss und Heirat war die Salzburg für Guttenberg der Lebensmittelpunkt: Er ließ zwei Gebäude der Ruine renovieren und lebte hier mit seiner Familie. Ein Bild der geliebten Burg hatte er stets bei sich, selbst in der Gefängniszelle in Berlin-Moabit. Nach Karl Ludwig von und zu Guttenberg ist eine Straße zwischen dem Campus und dem Sportgelände im Stadtteil Herschfeld benannt. Eine Grundschule in „Neuschd" trägt seinen Namen. Die Salzburg ist im Besitz seines Enkels.

18
MÜNNERSTADT

Apotheke

Cafe
RHÖN SPRUDEL
reiner Natur
Der Genuss

18. Münnerstadt

Von Bad Neustadt ist ein Abstecher zehn Kilometer südlich nach Münnerstadt angeraten. „Mürschd“, wie diese kleine Stadt (7.662 Einwohner)[1] im Dialekt heißt, liegt 14 Kilometer nordöstlich von Bad Kissingen zwischen der B 287 und der Autobahn Schweinfurt-Erfurt an einem schmalen Zufluss der Saale, der Lauer. Von der Bundesstraße aus ist das Wahrzeichen, das Obere Tor, auf den ersten Blick zu sehen. Es ist zugleich ein passender Anfangspunkt für einen Rundgang durch die ebenfalls herzförmige Altstadt, denn ausreichend Parkplätze befinden sich entlang der Stadtmauer. Die Altstadt bildet ein denkmalgeschütztes Ensemble. Insgesamt nennt die offizielle Denkmalliste 253 Baudenkmäler.[2] Münnerstadt verfügt damit über mehr Baudenkmäler als das größere Bad Neustadt.

Das Obere Tor an der Kissinger Straße ist ein 36 Meter hoher Turm der Stadtbefestigung mit quadratischen Grundriss und sechs Geschossen. Das Bauwerk ist aus Steinquadern gemauert, abgesehen von der oberen Etage, einem Bruchstein-Mauerwerk mit Eckquadern. Letzteres wurde erst um 1570 auf den Turm aus dem dreizehnten Jahrhundert aufgesetzt. Es handelt sich um einen der höchsten Stadttürme Unterfrankens. Im Inneren befindet sich ein Aufgang, an der Spitze eine Torwächterwohnung.

In den letzten Jahrzehnten kümmerte sich der Verein Freunde des Oberen Tores e.V. um die Instandsetzung. So konnte im Jahre 2003 wieder eine Turmuhr eingebaut werden.

Die Stadtbefestigung selbst ist zum großen Teil erhalten, sie datiert aus der Zeit von 1251 bis 1336.

Der weitere Weg führt über die Veit-Stoß-Str. zum Marktplatz. Fachwerkhäuser sind kennzeichnend für den Stadtkern.

Beim Rathaus handelt es sich um einen spätgotischen Bau (ca. 1467 laut Inschrift). Auf einem massiven Erdgeschoss ist ein Fachwerkgeschoss und ein Fachwerkgiebel zu erkennen.

---

1 Im Landkreis Bad Kissingen: Die meisten Kommunen wachsen (mainpost.de) , Stand: 31. Dezember 2022.

2 denkmalliste_merge_672135.pdf (bayern.de).

vorherige Seite: *Maktplatz-Idyll*

Oberes Tor

Am Markplatz

Rathaus

Bayerischer Hof

Von dort sind es nur wenige Meter zum Augustinerkloster St. Michael in der Klostergasse 10. Im Jahre 1279 folgten die Augustiner dem Ruf der Grafen von Henneburg. Auch hier wüteten aufständische Bauern 1525. Einen weiteren Einschnitt brachte die Reformation mit sich, als der Landesherr und mit ihm die meisten Untertanen der lutherischen Lehre folgten, so dass die Augustiner die Stadt verließen. Unter dem Würzburger Bischof Johann Philipp von Schönborn entstand das Ordensleben um 1660 von neuem, bis zur Säkularisation. Allerdings wurde die Niederlassung nie offiziell aufgehoben. Heute sind wieder vier Augustinerpatres und zwei Fratres in Münnerstadt präsent. Die Augustiner stellen darüber hinaus den Stadtpfarrer.

Klosterbibliotheken lassen heute erahnen, welche immense Bedeutung die Orden über mehrere Jahrhunderte für die Bildung in Europa hatten. Die Münnerstädter Augustinerbibliothek machte diesbezüglich keine Ausnahme, im Gegenteil: Sie besitzt einen historischen Bestand sowohl an geistlicher als auch weltlicher Literatur von ca. 70.000 Bänden. Aus der Zeit vor 1500 sind 73 Druckwerke (Inkunabeln) vorhanden, aus der Epoche bis 1530 sind 212 Frühdrucke im Bestand, darunter 60 originale Flugschriften von Martin Luther und anderen Reformatoren, sowie 188 Rara (gesondert aufbewahrte Unikate). 3.000 Musikalien sind aus der Zeit des frühen sechzehnten Jahrhunderts bis zum neunzehnten Jahrhundert archiviert. Diese Sammlungen befinden sich seit 2010 aus Sicherheitsgründen im Archiv der Ordensprovinz in Würzburg, Dominikanerplatz 4.

Die Klosterbibliothek überstand die Säkularisation und übernahm sogar Bestände aufgelöster Klöster.

Die Klosterkirche im Stil des Rokoko, erbaut in den Jahren 1752 bis 1759, dürfte eines der am prächtigsten ausgestatteten fränkischen Gotteshäuser sein. Das Bauwerk, äußerlich relativ schlicht gehalten, trat an die Stelle der im Bauernkrieg beschädigten spätmittelalterlichen Kirche.

Einen Eckpunkt des Klostergeländes bildet der auffällige Dicke Turm, einst Teil eines Stadttors. Dieser Wehrturm im Nordwesten der Altstadt entstammt der Mitte des dreizehnten Jahrhunderts. Zeitweise diente er als Gefängnis.

Wer sich mit der Literatur zu den geistlichen Ritterorden in den deutschen Landen beschäftigt, wird früher oder später auf die Kommende (Niederlassung) Münnerstadt des Deutschen Ordens stoßen. Deren Schloss, eine dreigeschossige Anlage, umgibt einen fünfeckigen Innenhof.

Kanzel und Seitenaltar der Augustinerkirche

Dicker Turm

Der einstige Sitz der Deutschritter (Deutschherrnstr. 18) beherbergt heute das Henneberg-Museum, das sich auf einer Ausstellungsfläche von rund 1.100 Quadratmetern der regionalen Kultur, Geschichte und Natur widmet. Ähnlich wie in der Kommende (Niederlassung) Bad Mergentheim ist hier sehr wenig an Überresten der Deutschritter verblieben: Das Königreich Bayern verschleuderte das Vermögen des geistlichen Ritterordens nach der Säkularisation.

Gegenüber liegt die Stadtpfarrkirche St. Maria Magdalena, ursprünglich als Kirche des Deutschen Ordens 1230 gebaut und 1428 bis 1446 erweitert. Aus dem frühen sechzehnten Jahrhundert stammt der prächtige Riemenschneider-Altar: Zeitweise war er durch einen barocken Altar ersetzt, so dass nicht alle originalen Einzelteile erhalten sind. Die Figur der Maria Magdalena, flankiert von sechs Engeln, befindet sich nicht mehr vor Ort, sondern im Bayerischen Nationalmuseum, München. Die Museums-Website stuft diese „Entrückung der Heiligen Maria Magdalena“ aus Lindenholz als eine ihrer „besonderen Attraktionen“ ein, zugleich als „größte und bedeutendste Gruppe“ Riemenschneiders.[3]

An die Deutschordensritter erinnert die Ritterkapelle, vor der ein Taufbecken aus dem Jahre 1613 steht.

Vor allem ist die Magdalenenkirche für ihre sieben Glasfenster im Chor bekannt, die von 1414 bis 1440 entstanden sind. Das Vordringen des Protestantismus und der damit einhergehende Rückgang der Ablasszahlen sorgte dafür, dass die eigentlich farbenprächtigen Fenster lange Zeit nur wenig gepflegt worden sind. In der Neuzeit galten sie als überholt und altmodisch. Erst das neunzehnten Jahrhundert brachte die sicher notwendigen Restaurierungen, die im zwanzigsten Jahrhundert fortgesetzt worden sind. Während des Zweiten Weltkriegs waren die Fenster ausgelagert.

Von hier aus sind es nur wenige Meter zum östlichen Stadttor, dem Jörgentor. Den Bau von 1348 krönt ein Fachwerkaufbau aus der Zeit um 1508/1509. Im Jahr 2022/23 wird das Jörgentor mit einem Kostenaufwand von etwa einer halben Million Euro saniert, genauer gesagt: gesichert. Dies beschloss

3 Entrückung der hl. Maria Magdalena - Bayerisches Nationalmuseum (bayerisches-nationalmuseum.de).

Ehem. Deutschordensschloss/Henneberg-Museum

Sandsteinportal und Museumsschild

Stadtpfarrkirche St. Maria Magdalena, Blick in die Ritterkapelle

der Stadtrat einstimmig im Oktober 2020. Es ist derzeit offen, ob oder wie das Bauwerk künftig genutzt wird – vielleicht wieder als Jugendherberge. Das vierte Stadttor, das Untere Tor im Norden der Altstadt, wurde nach der Einnahme durch die US-Army 1945 gesprengt, weil die rundbogige Durchfahrtöffnung zu schmal für bestimmte militärische Fahrzeuge war. Seitdem stand ein Wiederaufbau des nördlichen Tors nicht mehr ernsthaft zur Debatte, da der Durchgangsverkehr bis zum Bau der Ortsumgehung Vorrang hatte.

Die Zehntscheune, in der zweiten Hälfte des siebzehnten Jahrhunderts errichtet, war einst ein Fruchtspeicher der Würzburger Bischöfe. Heute beherbergt sie das Stadtarchiv und die städtische Musikschule.

Zurück geht es über den Anger.

An der Nordseite befindet sich das Heimatspielhaus mit seiner Giebelfront aus mitteldeutschem Zierfachwerk (1573) und zwei Türmchen als bildliche Darstellung des Stadtwappens mit Marienstatuette über dem runden Torbogen. Obwohl das Haus als Kulisse der Heimatspiele diente (und dient), verfiel das Gebäude, bis es in den Jahren 2010 bis 2013 saniert wurde – von 4.500 Stunden Eigenleistung der Münnerstädter Bürger berichtet die Informationstafel einige Meter weiter. Hier werden Ausstellungen, kleine Konzer-

Kirchenfenster St. Maria Magdalena

Zehntscheune mit Jörgentor

te und Lesungen angeboten. Darunter, im Erdgeschoss, befindet sich eine Galerie für moderne Kunst.

Zu den kulturellen Höhepunkten zählt an erster Stelle das Bühnenstück „Die Schutzfrau von Münnerstadt". Über 200 Mitwirkende stellen auf dem Anger alljährlich an drei Sonntagen im August und September eine Legende aus dem Dreißigjährigen Krieg nach: die Rettung der Stadt vor den Schweden durch die Muttergottes im Jahre 1641. Mehr dazu unter www.heimatspiel-muennerstadt.de (zuletzt abgerufen am 30. August 2023).

Etwas außerhalb befindet sich das aufgehobene Zisterzienserkloster Bildhausen.

Nach seiner Gründung im Jahre 1158 erlebte das Kloster eine Blütezeit bis zur Erstürmung und Plünderung im Bauernkrieg (1525).[4] Schlimmer wa-

4 Eine ausführliche Quelle gerade auch zu Bildhausen: Fries, Lorenz: Die Geschichte

Anger, Sicht auf das frühere Landgericht

Skulptur

Anger Blickrichtung Heimatspielhaus

ren die Schäden durch den Zweiten Markgrafenkrieg und den Dreißigjährigen Krieg. Wiederaufbau und erneute Blüte folgten. Nach der Säkularisation wurden Kirche, Kreuzgang, Torkapelle und Gästebau abgebrochen, während die wirtschaftlich nutzbaren Flächen in privates Eigentum übergingen.

Von 1929 bis 2017 versorgten hier Ordensschwestern der St. Josefskongregation behinderte Menschen. Zum größten Teil konnten die Insassen vor der mörderischen „Euthanasie" der Nationalsozialisten bewahrt werden. Heute bietet das Dominikus-Ringeisen-Werk 200 Personen mit Hilfs- und Assistenzbedarf in den Werkstätten Kloster Maria Bildhausen unter dem Motto „Es gibt für jeden Menschen eine Aufgabe" eine sinnvolle Arbeit.

Im Abtei- und im Konventsbau können Räume für Veranstaltungen wie Feiern, Seminare und Konzerte gebucht werden.

des Bauern-Krieges in Ostfranken. Hrsg. von August Schäffler und Theodor Henner. Würzburg 1883 (Reprint Aalen 1978), Bd. 1. Fries (1489/91-1550) war Kanzleivorstand des Fürstbischofs während des Bauernkrieges.

Schauspiel

Johann v. Nepomuk, Sandsteinstatue mit Kloster im Hintergrund

Syndikatsbau mit Archivturm

Konventbau mit Treppenturm

Geschichte Münnerstadts

Die Besiedlungsgeschichte reicht zurück bis in die Jungsteinzeit. Die durch Urkunden nachgewiesene Geschichte beginnt in der karolingischen Epoche, so dass Münnerstadt 2020 seine erstmalige urkundliche Erwähnung vor 1250 Jahren feiern konnte: Im Jahre 770 überließen (Graf) Egi und seine Frau Sigibolt ihren Besitz dem Kloster Fulda. Was unter der Herrschaft der Henneberger Grafen ab 1181 erbaut wurde, ist bei einem Gang über den Anger und andere Straßen im Stadtkern leicht zu erkennen: die Stadtbefestigung mit Mauer, Turm und Toren. Im Jahre 1220 kamen die Deutschordensritter nach Münnerstadt. Die Henneberger erwarteten von ihnen, dass sie die Kranken pflegen und der Einwohnerschaft Bildung verschaffen. In jene Epoche fällt auch die Gründung des Augustinerklosters im Jahre 1279. Den Stadtvätern war der Deutsche Orden zu mächtig geworden, so dass sie gerne einen anderen, ebenfalls jungen Orden in ihren Mauern begrüßten.

Wirtschaftlich ging es Münnerstadt vergleichsweise gut, denn der Ort lag an der Handelsstraße zwischen Würzburg und Meiningen. Im Jahre 1335 erhob Kaiser Ludwig der Bayer die Marktgemeinde zur Stadt. Als der Deutsche Orden keine Priester mehr für Münnerstadt finden konnte, überließ er die Pfarrei dem Bistum Würzburg. Endgültig kam Münnerstadt 1582 nach Bauernkrieg und Zweitem Markgrafenkrieg an das Fürstbistum Würzburg. Dies brachte eine Gegenreformation mit sich, und die Protestanten mussten die Stadt verlassen: ein nicht gerade geringer Schwund von 400 Personen, vor allem der besten Handwerker. Ab 1657 liegt die Pfarrseelsorge in der Hand der Augustiner. Seit der Aufhebung der geistlichen Herrschaft Würzburg 1803 gehört Münnerstadt zu Bayern. Im Jahre 1809 ließ Napoleon den Deutschen Orden in den Rheinbundstaaten auflösen, so dass dessen Komturei (Niederlassung) in „Mürschd“ endete.

Exkurs: Der Bauernkrieg im Saalegebiet

Steuern und Abgaben belasteten die Bauern immer stärker. Die Verkündung von Martin Luthers neuer Lehre, ihr beispielloser Siegeszug im deutschsprachigen Raum, erschütterte die althergebrachten Verhältnisse. Ein Satz machte die Runde: „Als Adam grub und Eva spann, wo war denn da der

Im Henneberger Land, Veit-Stoß-Straße

Edelmann?" Oberschwäbische Bauern konkretisierten am 6. März 1525 ihre Forderungen in den „Zwölf Artikeln", wo u.a. die Wahl der Pfarrer und die Begrenzung der Frondienste benannt wurden. Wie sich der Bauernkrieg im Saaletal auswirkte, haben wir bereits am Beispiel der Zerstörung der Trimburg und Burg Botenlaube kurz erwähnt.

Der Historiker Andreas Sebastian Stumpf (1772 bis 1820) beschrieb recht anschaulich, wenn auch einseitig, den Aufstand der Bauern aus der Henneberger Gegend im Jahre 1525:

> „Während im untern Land alles in Aufruhr war, und ein Bauernheer immer aufwärts rückte, waren im nördlichen Theile des Landes allenthalben Unruhen ausgebrochen. Schon am 9. April hatten einige Bauern in einer Schenke in Münnerstadt sich wechselweise Beistand und Vertheidigung der evangelischen Lehre gelobt, und zunächst beschlossen, das Kloster Bildhausen einzunehmen. Sie schwärmten in der Stadt und auf den Dörfern zu Burglauer, Niederlauer, Friedritt mit einer Trommel herum, fanden aber jetzt noch wenig Anklang. Desto ernstlicher ward's einige Tage hernach. Am 12. April kam ein Haufe Bürger zu Münnerstadt, an ihrer Spitze der Schreiner, Hans Schnabel, zu dem Bürgermeister daselbst, und kündigten ihm an, daß sie auf Bildhausen ziehen wollten. Dieser widerrieth ihnen ihr Vorhaben, aber es half nichts. Dreihundert Gewaffneter zogen mit Trommel und Pfeife auf das Kloster hin, und zur gleichen Zeit erschien ein Haufe geharnischter Bürger vor dem Rathhause zu Münnerstadt, und ließ dem versammelten Rathe wissen, daß sie das Haus des teutschen Ordens und den Bildhäuser Klosterhof (in der Stadt) einnehmen wollten. Kein Abrathen half; sie wollten, sagten die stürmischen Köpfe, auch einmal Herren seyn, seyen lange genug von den Amtleuten gehudelt worden, wollten dieselben auch einmal hudeln, und fielen in das deutsche Haus, den Klosterhof und das Augustinerkloster ein, plünderten oder verdarben, was ihnen vorkam".

Den weiteren Ablauf fasste der Historiker Nikolaus Reininger zusammen:

In Bildhausen wurden die Mönche vertrieben, das Kloster in Besitz genommen, mit Pergamentbriefen, Gült- und Zins-Registern die Backöfen geheizt, und auf dem Petersberge, nachdem sich die einzelnen Haufen zu Aura, Frauenroth, Hausen und Heidenfeld mit dem Bildhäuser Haufen vereinigt hatten, ein wohlbefestigtes Lager bezogen. Ringsum verbreiteten diese fanatischen Bauern Schrecken und Verheerungen. Ihre Anführer waren Hans Schnabel, Schreiner aus Münnerstadt, und Hans Schaar aus Burglauer. Von ihnen sagt ein altes Volkslied:

> ‚Hans Schnabel und Hans Schaar
> Die machten viel Leut zu Narr' (...)"[5]

Das Bauernheer einschließlich des 7.000 Mann starken Bildhäuser Haufens unterlag der Streitmacht der Fürsten in der Schlacht von Meiningen und Dreißigacker im Juni 1525. Der Würzburger Bischof Konrad von Thüngen ließ Scharr und Schnabel hinrichten.

Wir setzen die Tour auf der Staatsstraße 2282 in östlicher Richtung nach Bad Königshofen im Grabfeld fort (24 Kilometer). Das Grabfeld selbst ist, ungeachtet seines Namens, eine fruchtbare und historisch traditionsreiche Gegend. Es ist seit dem Jahre 813 in Urkunden nachgewiesen. Damit treffen wir einmal mehr auf die Spuren der Karolinger. Die katholische Prägung der Gegend ist anhand der Kruzifixe und Bildstöcke leicht zu erkennen.

5 Reininger, Nikolaus: Münnerstadt und seine nächste Umgebung nach den ältesten archivalischen Nachrichten dargestellt, besonders in seinen kirchlichen, Religions- und Schulverhältnissen. Würzburg 1852, 44f. Der Stumpf-Text findet sich dort als Zitat. Online: Münnerstadt und seine nächste Umgebung : nach den ältesten archivalischen Nachrichten dargestellt, besonders in seinen kirchlichen, Religions- und Schulverhältnissen ; mit 40 Urkunden und einem lithographirten Grundrisse der Pfarrkirche nebst den 3 ältesten Stadtwappen | bavarikon.

19
ZWISCHEN BAD NEUSTADT UND BAD KÖNIGSHOFEN

19. Zwischen Bad Neustadt und Bad Königshofen

Die Gegend östlich des Oberzentrums Bad Kissingen/Bad Neustadt fällt durch ihren ländlichen Charakter auf. Die Dörfer haben viel von ihrem ursprünglichen Charakter bewahrt. Sie scheinen weitab vom verkehrsreichen Gemünden, dem stark frequentierten Bad Kissingen und dem Wirtschaftsstandort Bad Neustadt zu liegen, trotz der geografischen Nähe.

Wülfershausen (ca. 1.500 Einwohner) verfügt über 56 Baudenkmäler: Fachwerkhäuser, Bildstöcke, Flurkreuze, Hausfiguren. Das Rathaus ist das auffälligste weltliche Gebäude: Eine Inschrift auf dem Rundbogen nennt das Baujahr 1614. Der Fachwerkaufbau mit Halbwalmdach ist jünger: Er kann dem achtzehnten Jahrhundert zugerechnet werden. Das Besondere des alten Ortes Wülfershausen (im Jahre 800 erstmals urkundlich erwähnt) ist seine Vergangenheit als benediktinischer Besitz und Weinort. Das Dorf gelangte als Geschenk des Fürstbischofs im Jahre 1258 an das Benediktinerkloster St. Stephan in Würzburg, das schon zuvor ein Hofgut im Dorf besaß, nun die Seelsorge übernahm, Bauwerke errichtete und Wein anbaute. Wie vielerorts in Franken, bedeutete die Säkularisation des Klosters das allmähliche Ende des Weinbaus (1840).

Kreisheimatpfleger Reinhold Albert veröffentlichte im Jahr 2021 die detaillierte und umfangreiches Chronik: Wülfershausen an der Saale – eine Reise durch die Geschichte, herausgegeben von der Gemeinde Wülfershausen (635 S.).

Der Markt Saal an der Saale mit seinen ebenfalls rund 1.500 Einwohnern verdient einen kurzen Abstecher wegen seiner alten Bausubstanz, des Stationenwegs auf den Findelberg und der Wallfahrtskirche „Mariä Heimsuchung".

Der Ortskern zeichnet sich durch verschiedene Fachwerkhäuser aus, beispielsweise das Rathaus von 1572, verschiedene Bauernhäuser aus dem siebzehnten und achtzehnten Jahrhundert, einige Bildstöcke und eine zweibogige Saalebrücke von 1701. Nicht zuletzt ist der Torturm der ehemaligen Kirchhofbefestigung (sechzehntes/siebzehntes Jahrhundert) am Marktplatz erhalten.

Sandsteinfiguren aus dem achtzehnten Jahrhundert säumen den Weg zur Wallfahrtskirche. Sie stellen Heilige dar, unter anderen den von Pfeilen durchbohrten heiligen Sebastian.

vorherige Seite: *Im Grabfeld*

Wülfershausen: Rathaus

Diese Meilensäule stammt aus der Zeit um 1850

Rathaus

Saalebrücke

„Mariä Heimsuchung“ wurde in den Jahren 1781 bis 1786 im Stil des Klassizismus nach Plänen von Hans Michael Schauer aus Wermerichshausen (heute zu Münnerstadt gehörend) errichtet, das prächtige Deckengemälde stammt von dem Grabfelder Maler Johann Peter Herrlein, der 1799 in Saal verstarb. Der Kirchturm (1499) als Rest eines älteren Gotteshauses ist in die Anlage einbezogen. Außerhalb der Gottesdienstzeiten ist die Kirche abgeschlossen.

Überhaupt reicht die Tradition weit zurück: Schon in der vorchristlichen Zeit soll es auf diesem kleinen Hügel einen heidnischen Opferplatz gegeben haben. Das Benediktinerkloster von Fulda errichtete dort im achten oder neunten Jahrhundert eine Kapelle zur Marienverehrung. Eine Legende erzählt von einem Schweinehirten, der an dieser Stelle auf ein Muttergottesbild stieß, das von selbst an diesen Fundort zurückkehrte, nachdem es nach Saal und in das benachbarte Dorf Wülfershausen gebracht worden war. Eine erste Wallfahrt ist urkundlich im Jahr 1445 nachgewiesen, in der Folge entstand die erste Kirche. Im späten siebzehnten Jahrhundert soll diese Kirche der drittwichtigste Wallfahrtsort im Bistum Würzburg gewesen sein.[6]

Wenige Meter vom Haupteingang entfernt befindet sich vor der Kirche eine Gedächtniskapelle für die Gefallenen der Weltkriege mit der Aufschrift „Heiliger Georg, du starker Mann, hilf uns, den bösen Feind bestahn“ mit einer Abbildung des Drachentöters. Die kleine Kapelle kombiniert einen Massivbau von 1593 mit einem 1920 errichteten vorgezogenen Satteldach auf Holzstützen.

Nahe der Wallfahrtskirche befindet sich verschiedene Grotten: Eine von ihnen stellt Mariä Heimsuchung dar (1934), mit Terrakottafiguren von Maria und Elisabeth. Die Josephsgrotte (1910) zeigt den Tod des Heiligen (1910), die Lourdesgrotte als die älteste (1905) erinnert an den gleichnamigen Pilgerort, die Ölberggrotte zeigt den betenden Jesus mit einem Engel.

Das Landesamt für Denkmalpflege verzeichnet 44 Baudenkmäler.

6 Vgl. Findelberg (bistum-wuerzburg.de).

Alter Kirchhof in Saal

St. Sebastian

Wallfahrtskirche Mariä Heimsuchung

Zum Gefallenenengedenken

Terrakottafiguren von Maria und Elisabeth

Eine Literatin des neunzehnten Jahrhunderts

Eine deutsche Schriftstellerin stammte aus Waltershausen, einem Ortsteil von Saal etwa zwei Kilometer weiter nördlich: Charlotte von Kalb. Die Liebesbeziehungen der im Jahre 1761 Geborenen zu Friedrich Schiller und Jean Paul, ihre Bekanntschaften mit Johann Wolfgang von Goethe und Friedrich Hölderlin (der hier im Schloss der Kalbs 1793/94 als Hauslehrer wirkte) waren nur ein Teil ihres außergewöhnlichen Lebenswegs. Dabei waren ihre Leistungen als Autorin umstritten: Dem einen (Emil Palleske, Schriftsteller) erschienen ihre Memoiren als „die wunderbarsten, die vielleicht geschrieben sind". Ganz anders urteilte der Maler und Kunsthistoriker Ernst Förster: „200 Seiten währender Vernichtungskampf gegen Grammatik, Orthographie, Natur und gesunden Menschenverstand".[7] Vielleicht war weniger das eigene Schreiben als das anregende Gespräch ihre Stärke, zumal ein schweres Augenleiden sie in ihrer literarischen Arbeit behinderte.

7 »Enfant terrible« – Über Charlotte von Kalb ‹ Artikel ‹ Literaturland Thüringen (literaturland-thueringen.de).

Charlotte von Kalb starb 1843 in Berlin. Sie ist in einem Ehrengrab der Hauptstadt bestattet.

Saale bei Großeibstadt

20

BAD KÖNIGSHOFEN

SANTA LUCIA

20. Bad Königshofen im Grabfeld
(Dialekt: Künshufe)

Die Kleinstadt (6.068 Einwohner zum 30. September 2022)[1] hat den Charme einer Marktgemeinde mit altem Kern. Die Aufstellung des bayerischen Landesamts für Denkmalpflege nennt 201 Baudenkmäler.[2] Auch hier ist der Stadtkern ein denkmalgeschütztes Ensemble.

Der annähernd rechteckige, rund 4.700 Quadratmeter messende Marktplatz bildet den Schnittpunkt der West-Ost- und der Nord-Süd-Straßenkreuzung.

Das Rathaus entstand in den zwölf Jahren nach dem Stadtbrand, der 1562 nicht nur den Vorgängerbau in Schutt und Asche legte.

In einem Erker an der Ecke Marktplatz/Rathausstraße ist seit 1987 das Glockenspiel untergebracht: Mehrmals täglich bewegen sich dazu Figuren in historisierender Bemalung, die die Sage von der Namensgebung des Grabfelds veranschaulichen (siehe unten: Die Schleier-Sage).

Beim Schlundhaus handelt es sich um einen etwa 300 Jahre alten historischen Gasthof. Ein buntes Graffito auf der Fassade zeigt den Einzug des Schwedenkönigs Gustav Adolf im Dreißigjährigen Krieg 1631. Im Schlundhaus machte er seinerzeit Station. Die Kellerräume aus unbehandeltem Sandstein sind nach Angaben des Besitzers weit älter: Sie stammen aus den Jahren zwischen 750 und 850![3]

Nah am östlichen Rand steht der Luitpoldbrunnen, 1911 zu Ehren des beliebten bayerischen Prinzregenten Luitpold anlässlich seines 90. Geburtstages eingeweiht.

Das Archäologiemuseum präsentiert auf einer Fläche von 800 Quadratmetern zahlreiche Exponate aus dem nördlichen Unterfranken und gerade auch aus dem Grabfeld. Beispielsweise sind Werkzeuge aus der Jungsteinzeit zu sehen, Schmuck aus der Bronzezeit, keltische Überreste wie Glasarmringe,

---

1 Stadt Bad Königshofen i.Grabfeld, Landkreis Rhön-Grabfeld - BayernPortal (freistaat.bayern).

2 denkmalliste_merge_673141.pdf (bayern.de).

3 Christian Fischer, Besitzer des „Schlundhauses“ in: Im Quellgebiet der Fränkischen Saale (Reihe: Unter unserem Himmel), Bayerisches Fernsehen 26.10.2014, Mediathek: Unter unserem Himmel: Im Quellgebiet der Fränkischen Saale | Unter unserem Himmel | BR Fernsehen | Fernsehen | BR.de.

vorherige Seite: *Blick von Königshöfer Kirchturm*

Marktplatz

Das denkmalgeschützte Wirtshausschild (Marktplatz 7) trägt die Jahreszahl 1796!

Osterbrunnen mit Rathaus

Schlundhaus – Einzug der nordischen Armee

Michaelsbrunnen (1697/98) mit seinem schmiedeeisernen Baldachin in der Osterzeit

Luitpoldbrunnen

Schranne

Mohren-Apotheke

Halsringe, römisches und germanisches Gut, Einbäume aus dem späten Mittelalter und Silbermünzen aus der frühen Neuzeit.

Das Museum für Grenzgänger zeigt seit dem Jahre 2006 auf einer Ausstellungsfläche von 150 Quadratmetern, wie die innerdeutsche Grenze aussah und wie das Leben in ihrem Windschatten ablief.

Die Museen befinden sich in der Schranne, dem ehemaligen Kornspeicher aus dem Jahre 1693, wenige Meter östlich vom Marktplatz in der Martin-Reinhard-Str. 9.

Die Stadtpfarrkirche Mariä Himmelfahrt mit ihrem von weitem sichtbaren Turm gilt zu Recht als Wahrzeichen des Städtchens. Die spätgotische Kirche, der mehrere Vorgängerbauten seit der Karolingerzeit vorausgingen, entstand zwischen 1442 und 1496. Hervorzuheben ist die in Deutschland außergewöhnliche, in Franken einzigartige Doppelwendeltreppe aus dem Jahre 1513, die zur Empore führt.[4]

Jeden Sonntag zwischen April und November um 11.00 Uhr und an kirchlichen Feiertagen spielen die Turmbläser von der Balustrade aus volkstümliche und kirchliche Musikstücke. Von dort, 60 Meter hoch, bietet sich ein weiter Blick über das Städtchen und das Grabfeld. Die Turmbläsergilde existiert seit 2007 und besteht aus etwa 25 Musikern. Bürgermeister Thomas Helbling würdigte sie als etwas Besonderes: „Ein Aushängeschild der Stadt".[5]

Kennzeichnend für Bad Königshofens Stadtkern sind einheitliche Reihen großer Ackerbürgerhöfe mit Wohnhäusern und Scheunen: In der Kellereistraße/Wallstraße stammen sie aus der Zeit nach 1825, in der Elisabethastraße/Brauhausstraße ungefähr von 1845. „Ackerbürger" bezeichnete Bauern, die hier in der Stadt lebten.

Das Elisabethaspital in der Rathausstraße aus den Jahre 1851 bis 1853 trägt den Namen der Stifterin Eva Elisabetha Schmitt, Tochter des Verwalters von Bildhausen. Es ist heute ein modernes Alten- und Pflegewohnheim.

Die alte Darre, Elisabethastr. 29, einst das Kriegswaffenarsenal aus dem späten sechzehnten Jahrhundert, diente später als Ort der Malzherstellung und als Lebensmittellager, heute als „Kulturspeicher". Hier wurde einst Brau-

4 Doppelwendeltreppe in der Stadtpfarrkirche ist eine Besonderheit (mainpost.de).

5 Zeitungsbeiträge über die Turmbläser sind im Turmmuseum der Stadtpfarrkirche ausgestellt.

Stadtpfarrkirche

gerste in einem engmaschigen Drahtgeflecht mit Hilfe heißer Luft „gedarrt", d.h. getrocknet. Heute ist sie Veranstaltungsort für Vorträge, Konzerte und Feiern. Als eines der ältesten Gebäude im Landkreis war die Darre vor einigen Jahren einsturzgefährdet. Die Restaurierung fand den Beifall der Bayerischen Architektenkammer, die das Haus auf ihrer Leistungsschau, der ArchitekTour, im Jahr 2011 präsentierte.

Die äußerlich schlichte FrankenTherme, Am Kurzentrum 1, bietet auf einer

Elisabethaspital

Alte Darre

Innenbeckenfläche von 1160 Quadratmetern Entspannung in 32 Grad Celsius warmem Mineralheilwasser an. Saunadorf und Außenbecken, den üblichen Thermalbad-Standards entsprechend, gehören dazu. Zum staatlich anerkannten Mineralheilbad zählt seit dem Jahr 2005 auch der erste Natur-Heilwassersee Deutschlands mit einer Fläche von ca. 720 Quadratmetern und einem Volumen von eintausend Kubikmetern. Das Wasser ist 28 bis 30 Grad Celsius warm. Die Staatsregierung verlieh der FrankenTherme für die Gestaltung des Natur-Heilwassersees den Bayerischen Innovationspreis. Badegäste gaben der Therme 4,1 von fünf Sternen. Einige bemängelten, sie sei etwas klein.

Rheumatismus, Erkrankungen des Verdauungsorgane, des Stoffwechsels sowie des Stütz- und Bewegungsapparats können in Bad Königshofen behandelt werden. Am 11. Januar 2021 eröffnete ein neues Gesundheitszentrum mit Fachabteilungen für Chirurgie, Orthopädie/Unfallchirurgie sowie Innere Medizin / Gastroenterologie. Ein Sanitätshaus, ein Zahnarzt, eine Mutter-Kind-Einrichtung und eine Versicherung sind ebenfalls dort ansässig.

Bad Königshofen ist Sitz der einzigen unterfränkischen Berufsfachschule für Musik. Sie dient als Vorstufe zum Musikstudium. Die rund 60 Schülerinnen und Schüler sind zwischen 17 und 21 Jahre alt, kommen aus ganz Deutschland sowie aus einigen Staaten der Europäischen Union, und absolvieren eine zweijährige Vollzeit-Ausbildung. Abschluss: staatlich geprüfter Ensemble-Leiter. Am 1. Oktober 2021 eröffnete die Fachschule ein neues Hauptgebäude.

Wie so mancher Ort an der Saale ist Bad Königshofen mit einem Superlativ verbunden. Der Deutsche Wetterdienst stellte fest, dass Bad Königshofen in den Jahren 2019, 2020 und 2021 die „trockenste Stadt" Bayerns war. Die Meteorologen maßen im Jahre 2021 ganze 576,7 Liter (2020: 476,2), zwei Jahre zuvor 488,5 Liter pro Quadratmeter. 2018 waren es 436,4 Liter auf einem Quadratmeter. Zum Vergleich: Bad Kissingens Wetterstation verzeichnete im Jahre 2021 pro Quadratmeter 706 Liter![6]

6 Vgl. Bad Königshofen ist schon wieder die trockenste Stadt in Bayern (mainpost.de)

Tourismus[7]

Bad Königshofen zählte im Jahre 2022 exakt 77.003 Gäste. Im gleichen Zeitraum besuchten 133.289 Personen die Frankentherme mit dem dazugehörigen Saunadorf.[8]

Was sich wohl hier verbirgt? Im Hintergrund die evangelische Kirche

7 Tourismus in Franken trotz Corona im Aufwind: Diese Regionen waren 2021 besonders beliebt (infranken.de).

8 Vgl. Kurbetrieb in Bad Königshofen: Nach langer Durststrecke ist die Talsohle durchschritten (mainpost.de).

Die Geschichte von Bad Königshofen

Zu unterschiedlichsten vorgeschichtlichen Epochen siedelten hier Menschen: Steinzeit, Urnenfelderzeit, Hallstattzeit, jüngere Latènezeit. Der fruchtbare Boden begünstigte das Leben in der römischen Kaiserzeit, der Völkerwanderungszeit und im frühen Mittelalter: So weisen christliche und heidnische Grabbeigaben auf eine Besiedlung in der Merowingerzeit um das Jahr 600 hin.[9]

Erstmals wurde Königshofen im Jahre 741 urkundlich erwähnt – rund sechs Jahre vor der Geburt Karls des Großen. Seinen Namen hat es von dem seinerzeitigen karolingischen Krongut, also einem „Königshof". Im frühen Mittelalter gehörte Königshofen zum Herzogtum Franken. Ab dem Jahre 1200 war Königshofen im Besitz der Grafen von Henneberg. Um das Jahr 1235 erhielt der Ort das Stadtrecht, 1323 das Marktrecht. 1354 verkauften die Henneberger die Gemeinde an das Hochstift Würzburg, gewannen sie im Jahre 1400 als Pfand und 1412 durch Kauf zurück, um Königshofen später erneut an Würzburg abzugeben. Der Bildhäuser Haufen, eine Armee von zuletzt 7.000 Bauern und Bürgern, hatte die Stadt Königshofen gegen das Hochstift Würzburg auf seiner Seite. Nach der Niederlage des Bildhäuser Haufens ließ Bischof Konrad von Thüngen zehn der Rädelsführer auf dem Marktplatz zu Königshofen enthaupten.

Der Zweite Markgrafenkrieg zog auch diese Stadt in Mitleidenschaft. Während des Dreißigjährigen Krieges war Königshofen ganze vier Jahre von finnischen Soldaten unter dem Kommando der schwedischen Krone besetzt (1631 bis 1635). Der Kommandant hatte seinen Sitz im Schlundhaus. Königshofen war die erste Festung, die die Truppen aus dem Norden auf ihrem langen Weg von der Ostsee Richtung Schweinfurt einnahmen, und es war der einzige Ort mit einer so lange andauernden finnischen Okkupation. Von hier aus organisierten die Finnen den Transport des Proviants vom Thüringer Wald an den Main. Ihren Gewohnheiten aus der Heimatregion Savo blieben die Nordländer treu: Sie bauten sich aus dem Holz verlassener Häuser Badestuben und genossen die Rauchsauna – was die Einheimischen befürchten ließ, die ganze Stadt könne abbrennen. Die rußgeschwärzten Männer erhielten bald den Spitznamen

9 denkmalliste_mere_673141.pdf (bayern.de).

„Schwarze Teufel". Jedenfalls stand die erste Sauna Süddeutschlands in Königshofen.[10]

Vor allem nach 1650 bauten die Würzburger Bischöfe den Ort zur Festung aus. 1796 erreichten französische Revolutionstruppen unter General Jordan die Stadt, die nach dem Dreißigjährigen Krieg zur Festung ausgebaut worden war. Mit der Auflösung der geistlichen Herrschaft Würzburg gelangte Königshofen 1813 an das Königreich Bayern. Die neue Obrigkeit schliff die Festungsmauern, die nicht mehr zeitgemäß waren.

Sitz des Festungskommandaten, heute Volksschule

10 Friedrich, Hanns: Der Einzug des Schwedenkönigs. In: Rhön- und Saalepost, 11.9.2016, aktualisiert am 4.6.2019. Ders.: Finnen staunen über die Geschichte. In: Rhön- und Saalepost, 24.6.2016, aktualisiert am 4.6.2019; Ders.: In finnischen Büchern entdeckt: Finnen bauten erste Rauchsaunen in Königshofen, In finnischen Büchern entdeckt: Finnen bauten erste Rauchsaunen in Königshofen // Osthessen|News (osthessen-news.de).

Das Städtchen verfügte über ein Landgericht und war Sitz eines Bezirksamtes (Landratsamt), bis der Kreis Königshofen 1972 dem Landkreis Rhön-Grabfeld mit Sitz in Bad Neustadt zugeschlagen wurde.

Der Anschluss an die Bahnlinie ließ bis 1893 auf sich warten. Zwar war bereits um 1850 eine Hauptbahn von Gemünden nach Coburg im Gespräch, doch blieb es letztlich bei einer Lokalbahnlinie entlang der Saale nach Neustadt, die 1976 letztmals von einem Personenzug und 1994 von einem Güterzug befahren wurde. Heute verläuft anstelle der längst abgebauten Gleise ein Radweg.

Eher zufällig begann die Entwicklung zum Kurort, als im Jahre 1896 auf der Suche nach Trinkwasser eine Heilquelle entdeckt wurde. Bald darauf entstand in privater Initiative ein Badehaus, das die Stadt im Jahre 1912 übernahm.

Eine jüdische Ansiedlung[11] bestand im Mittelalter, ohne dass darüber viel bekannt ist. In der Neuzeit war hier von 1746 bis 1938/42 eine jüdische Gemeinde, die seit ca. 1840 deutlich anwuchs, 1867 mit 50 und 1910 mit 101 Personen recht ansehnlich war. Die Höchstzahl war um 1925 mit 130 Köpfen erreicht – 6,8 Prozent der gesamten Einwohnerschaft.

Obwohl der Bezirk (Bad) Königshofen soziologisch dem mittleren und unteren Saaletal (abgesehen von Bad Kissingen) ähnlich ist, vereinigte die NSDAP hier am 5. März 1933 erstaunliche 5.051 von 8.801 Stimmen auf sich.

Die Synagoge von Königshofen, erbaut 1904 als Nachfolgerin eines älteren Gotteshauses, wurde in der Pogromnacht 1938 im Inneren schwer beschädigt, während die Fassade nur wenig beeinträchtigt wurde. Trotzdem wurde die Ruine 1951 an der Bamberger Straße 1 unweit des Rathauses zum Abbruch verkauft. Über das jüdische Leben informierte eine Ausstellung im Jahre 2021.

Im Zweiten Weltkrieg waren in Königshofen und Umgebung nur wenige Zerstörungen zu verzeichnen. Die Bedrohung verschärfte sich in den letzten Kriegswochen, wie auch andernorts an der Saale, durch amerikanische Tiefflieger und durch „fliegende Standgerichte“, die kurzfristig herbei geordert wurden, um angebliche Feiglinge oder sog. „Verräter“ hinzurichten. Königs-

11 Die Synagoge in Bad Königshofen im Grabfeld (Kreis Rhön-Grabfeld) (alemannia-judaica.de).

höfer Frauen machten sich unter Lebensgefahr an den Abbau der gerade errichteten Panzersperren. Eine sinnlose Verteidigung der Stadt, die den Untergang Königshofens bedeutet hätte, konnte abgewendet werden. Für nähere Informationen kann das Buch „Zeitzeugen berichten. Kriegsende 1945 und Nachkriegszeit im Königshöfer Grabfeld" von Reinhold Albert (Schriftenreihe des Vereins für Heimatgeschichte im Grabfeld, Bd. 7) empfohlen werden.

Städtepartnerschaften und Wappen

Nach 1945 sorgte der Zuzug von Heimatvertriebenen und Flüchtlingen sowie das Verbleiben von Evakuierten aus dem Rheinland für einen starken Bevölkerungszuwachs (1939: 4.231 Einwohner, 1950: 6.231). Die strukturellen Probleme – kaum Industrie, teilweise unrentable Landwirtschaft auf kleinen Flächen – konnten nach 1948 allmählich durch Zonenrandförderung und Flurbereinigung gemildert werden. Die landwirtschaftliche Bedeutung Bad Königshofens wird mit Blick auf die Viehmärkte deutlich: Bis weit in die 1960er Jahre fand alle zwei Wochen donnerstags ein Schweinemarkt statt, vier Schafmärkte im zweiten Halbjahr, drei Geflügel- und Kaninchenmärkte sowie elf Jahrmärkte (sehr zum Unmut der Geistlichkeit am Sonntag). Die Dauer der Märkte war auf jeweils einen Tag begrenzt.[12]

Seit dem 14. September 1974 darf sich Königshofen im Grabfeld als Bad bezeichnen; schon seit 1966 war die Stadt offiziell ein „Heilquellenkurbetrieb". Aus dem Anlass der Baderhebung wird alljährlich ein Bürgerfest mit Festzug und Bieranstich gefeiert.

12 Vgl. Albert, Reinhold: König Ludwig der Bayer verlieh der Stadt Königshofen vor 700 Jahren das Marktrecht. In: Heimat-Jahrbuch 2022, 69-88.

Eine ungewöhnliche Städtepartnerschaft

Bad Königshofen hat 5.982 Einwohner (Stand: 30. September 2021) in sechs Stadtteilen, mit abnehmender Tendenz in den letzten Jahren. In der Partnerstadt Arlington, Texas leben 400.000 Menschen (2022). Wie kam es zur freundschaftlichen Verbindung zweier so unterschiedlicher Städte?

Anfang 1951 unternahm Stadtinspektor Kurt Zühlke eine Studienreise in die Vereinigten Staaten, die ihn unter anderem in den kleinen Ort Arlington (zwischen Fort Worth und Dallas gelegen) mit damals 7.700 Einwohnern führte. Eigentlich war kein Aufenthalt vorgesehen, aber einer der Reiseteilnehmer wollte dort seinen Brieffreund besuchen. Es gelang Zühlke, sich dem gerade erst gewählten Bürgermeister Tom Vandergriff vorzustellen. Er erläuterte die Situation an der Zonengrenze und die schwierige Versorgung von Flüchtlingen „aus dem Osten". Vandergriff führte den Gast zu Gesprächen im Lions Club, weiteren Vereinen und einer baptistischen Kirchengemeinde. Die Amerikaner beließen es nicht bei schönen Worten, sondern schickten im Herbst 1951 jede Menge Hilfsgüter per Bahn, Schiff und LKW ins Grabfeld. Die evangelische Kirchengemeinde verteilte die Kleidungsstücke, Stoffe, Nähfäden, Seife, Konserven, Mehl und Zucker.

Bad Königshofen, Arlington Park

Die offizielle Freundschaft zwischen beiden Städten begann 1952 auf Vorschlag Vandergriffs, und sie war die erste deutsch-amerikanische Städteverbindung. Sie rückte zwar in den nächsten Jahrzehnten etwas in den Hintergrund . Im Jahre 1988 belebte eine Reise des Bad Königshöfer Bürgermeisters Wolfgang Mack an der Spitze einer 36-köpfigen Delegation die Beziehungen. Spontan benannten die Texaner einen Park nach Bad Königshofen. Darüber hinaus heißt ein großes Schwimmbad in jener Stadt „Bad Konigshofen Family-Aquatic Center" (mit „o" statt „oe" oder „ö"). Umgekehrt gibt es einen Arlington Park in Bad Königshofen, mit einem Gedenkstein und mehreren Mammutbäumen. Einem Hinweistäfelchen daneben ist zu entnehmen, dass es sich um die erste deutsch-amerikanische Städteverbindung handelte. In Bad Königshofen und Arlington wirken Freundeskreise für diese Beziehung.

Dagegen verlor die Partnerschaft zum nahe gelegenen Römhild in Thüringen in den letzten Jahren an Bedeutung.

Wallfahrtskirche Ipthausen

Im Stadtteil Ipthausen sollte die Wallfahrtskirche Mariä Geburt nicht übersehen werden. Äußerlich wenig auffällig, ist das Rokoko-Interieur ausgesprochen prächtig. Das Gotteshaus, erbaut in den Jahren 1746 bis 1754 nach Plänen des Königshöfer Maurermeisters Johann Michael Schmidt, beeindruckt durch das Deckengemälde des Unterfranken Georg Anton Urlaub, dessen Lehrmeister Tiepolo hier seinen Einfluss hinterlassen hat: Es zeigt Mariens Aufnahme in den Himmel, flankiert von fränkischen Heiligen und Menschen verschiedener Kontinente, inmitten einer Wolkenlandschaft. Oft wird Mariä Geburt wegen dieses Freskos zu den schönsten Kirchen Unterfrankens gezählt.

Woher hat das Grabfeld seinen Namen?

Der Name dieser von Getreide- und Zuckerrübenanbau auf Lössböden geprägten Gegend zwischen Thüringer Wald, Rhön und den Hassbergen bedeutet nicht, dass es sich um eine abgestorbene Region handelt. Eine Sage

Wallfahrtskirche in Ipthausen

Mariä Geburt

kündet vielmehr folgende Begebenheit: Eine Königin (den Namen wissen wir nicht) hatte ihren Ring verloren, während ihr Mann auf der Jagd war.

Der König wertete dies als Beleg für ihre Untreue. Die Untertanen versuchten ihr zu helfen und gruben auf der Suche die ganze Gegend („Grabfeld") um. Tatsächlich fand sich der Ring. An dieser Stelle stehe heute das Rathaus von Bad Königshofen, so die Legende. Das Ereignis ist im Glockenspiel angedeutet, und die Sage um das Königspaar soll der Stadt Königshofen den Namen gegeben haben.

Die tatsächliche Namensherkunft liegt im Dunkeln. Mit „Grabfeld" könnte eine graufarbige, vom Muschelkalk „grao" (althochdeutsch für grau) geprägte Landschaft gemeint sein. Oder ist „grap" (altslawisch für die Hainbuche) ein Hinweis auf die ursprüngliche Vegetation, die die slawischen Bewohner im frühen Mittelalter hier ausmachen? Am wahrscheinlichsten scheint mir die Deutung des Grabfelds als Graf-Feld, als Feld des Gaugrafen, der die Gegend verwaltete. Papst Gregor III. sprach die Bewohner in einem Schreiben als „Graffelti" an (im Jahre 739), in mehreren Urkunden Karls des Großen ist vom Graffelt" die Rede (u.a. 776), sein Sohn Ludwig der Fromme formuliert: „Graphelt".[13]

13 Vgl. Seeber, Christian: Woher kommt der Name „Grabfeld" Gemeinde Grabfeld - Geschichte

Rathausfiguren

21 VON TRAPPSTADT NACH NEW YORK

Trappstadt

3,5 m
Obereßfeld 7 km
Alsleben 3 km

21. Von Trappstadt nach New York

Acht Kilometer östlich von Bad Königshofen liegt Trappstadt (mundartlich: Drabbscht). Die Marktgemeinde mit 950 Einwohnern[1] zählt zur Verwaltungsgemeinschaft Bad Königshofen im Grabfeld und liegt an der Straße der Fachwerkromantik. Der kleine Ort wurde im Jahre 1269 das erste Mal urkundlich erwähnt. In den folgenden Jahrhunderten war das Dorf unter verschiedene Vasallen Würzburgs und Hennebergs sowie unter zwei Klöstern und lokale Geschlechter aufteilt, die zusammen eine Art Erbengemeinschaft bildeten und 1524 eine gemeinsame Dorfordnung erließen. Seit 1816 gehört Trappstadt, direkt an Thüringen grenzend, zu Bayern.

Über den Ortsteil Alsleben verfasste Reinhold Albert eine Chronik auf 350 Seiten: Alsleben – 1150 Jahre Geschichte. Sie erschien im Jahre 2017. Eine weitere Schrift Alberts ist weit über die heimatgeschichtlichen Zusammenhänge hinaus aussagekräftig: Sie behandelt den Alslebener Pfarrer August Eisenmann, den die Nationalsozialisten wegen seiner konsequenten, furchtlosen Predigten 1940 verhafteten und von 1941 bis 1945 im KZ Dachau einsperrten. Eisenmanns Aufzeichnungen über die Quälereien im Lager sind wichtige Zeitgeschichtsquellen zum „SS-Staat" (Eugen Kogon) und besonders aussagekräftig bezüglich der Einstellung vieler katholischer Priester.[2]

Trappstadt war Standort einer Synagoge. Im neunzehnten Jahrhundert war etwa jeder elfte Trappstädter jüdischen Glaubens. Einer von ihnen war der spätere Gründer der Bank Goldman-Sachs, Marcus Goldmann, geboren 1821. 1848 wanderte er zusammen mit einem Freund, Joseph Sachs aus dem Dorf Rödelmaier bei Bad Neustadt a.d.Saale, nach Amerika aus, und eröffnete nach einigen Jahren als Hausierer einen Laden in Philadelphia. Seine beiden Töchter heirateten die Söhne von Joseph Sachs.

Erfolgreiche Wechselgeschäfte erlaubten es Goldman, 1869 eine Bank zu gründen. Joseph Sachs, der als Lehrer arbeitete, starb 1868 52-jährig während eines Kuraufenthalts in (Bad) Kissingen und ist in Sulzfeld-Kleinbardorf bei Königshofen auf dem jüdischen Friedhof begraben.

---

1 Unterfrankens Extreme: Ortbesuch in Trappstadt, dem Dorf, das am stärksten schrumpft - Main-Post (mainpost.de), 24.2.2022.

2 Vgl. Albert, Reinhold: Das Grauen in der Hölle von Dachau - Die Leidenszeit des Pfarrers August Eisenmann aus Alsleben im KZ Dachau von 1941 – 1945. Untereßfeld 2014.

vorherige Seite: *Torhaus*

Ortseingang Trappstadt

Grab von Joseph Sachs

Sachs' Sohn Samuel wurde im Jahre 1882 Teilhaber der Bank Goldman-Sachs. Marc Goldman (wie er sich seit 1848 nannte) übergab 1894 seine Anteile an Sohn Henry Goldman und Schwiegersohn Samuel Sachs. Marc Goldman starb im Jahre 1904 in New York.

Die Bibliothekarin Cordula Kappner aus Hassfurt, eine Expertin für jüdische Geschichte im oberen Saaletal, förderte gemeinsam mit der Heimatforscherin Elisabeth Böhrer diese Zusammenhänge zutage.

Seit Jahrzehnten zählt Goldman Sachs nicht nur zu den bedeutendsten Investmentbanken der Vereinigten Staaten; darüber hinaus ist die Zahl der ehemaligen Goldman-Sachs-Mitarbeiter in der Politik Legion: Die früheren italienischen Ministerpräsidenten Mario Monti und Mario Draghi oder die ehemaligen US-Finanzminister Robert Rubin (Clinton-Administration) und Henry Paulson (2006 bis 2008) seien stellvertretend genannt.

22
KLEINBARDORF

22. Kleinbardorf

In diesem Ortsteil von Sulzfeld etwa drei Kilometer südlich des Saale-Flusslaufs steht nicht nur ein Wasserschloss – selten genug in Unterfranken. Es befindet sich in Privatbesitz. Vielmehr handelt es sich beim Judenfriedhof, außerhalb von Kleinbardorf auf einem Hügel gelegen, mit 3135 Grabsteinen auf 21.050 Quadratmetern um die zweitgrößte jüdische Begräbnisstätte Bayerns.

Erstmals wurden hier im Jahre 1574 jüdische Menschen bestattet. Das letzte Begräbnis fand im Jahre 1938 statt. Im Laufe der Jahrhunderte fanden hier Personen aus 20 Gemeinden ihre letzte Ruhe. Auf dem Gelände steht ein kleines Taharahaus, in dem die Toten gewaschen wurden. Die älteren Grabsteine tragen hebräische, die jüngeren (seit der jüdischen Emanzipation) deutsche Inschriften. Zu beachten ist ein Gedenkstein mit den Namen der im Ersten Weltkrieg gefallenen jüdischen Deutschen aus den umliegenden Gemeinden.

Die Frage nach Zerstörungen insbesondere in der NS-Zeit liegt nahe. Tatsächlich kam es bereits 1925 zu einer Schändung – in Deutschland wurden zwischen November 1923 und Mai 1927 ganze 39 Fälle von Schändungen jüdischer Friedhöfe verzeichnet. Nach einer größeren Zerstörung unter Hitlers Herrschaft folgten 1957 und 1977 erneute Beschädigungen.

Im Gegensatz zu anderen jüdischen Friedhöfen ist dieser frei zugänglich; ein Wanderweg durchquert das rund 145 Meter mal 145 Meter große Gelände, an dessen Eingang (dorfwärts) eine ausführlich gehaltene Informationstafel steht. Der jetzige ordentliche Zustand des Gottesackers ist dem Engagement des ehrenamtlichen Denkmalpflegers Erwin Hermann (1929 bis 2018), einem gelernten Maurer aus Kleinbardorf, zu verdanken.[1] Kleinbardorfs Einwohnerschaft war im neunzehnten Jahrhundert (bis 1867) zu über 30 Prozent jüdisch, Dieser Anteil sank bis 1900 auf etwas mehr als 20 Prozent.[2]

Das Synagogengebäude in der Unteren Hauptstraße 5 ist heute ein geschütztes Baudenkmal innerhalb eines landwirtschaftlichen Betriebs.

1 Der jüdische Friedhof in Kleinbardorf (Gemeinde Sulzfeld bei Grabfeld, Landkreis Röhn-Grabfeld) (alemannia-judaica.de).

2 Die Synagoge in Kleinbardorf (Gemeinde Sulzfeld im Grabfeld, Landkreis Rhön-Grabfeld) (alemannia-judaica.de).

vorherige Seite: *Jüdischer Friedhof*

Grabstein mit hebräischer Inschrift

Gefallene des Ersten Weltkriegs

23
SAALEQUELLEN

23. Saalequellen

Die Saale entspringt aus zwei Quellen. Die nördliche liegt 1,7 Kilometer östlich des Gemeindeteils Trappstadt-Alsleben. Sie ist seit 1973 von einer Einfassung aus Sandstein umgeben und als Saalbrunnen bekannt.

Zweieinhalb Kilometer südlich dieser Saalequelle steht die St. Ursula-Kapelle (1754 geweiht, anstelle einer älteren kleineren Kapelle von 1700). Eine Legende erzählt, die heilige Ursula sei mit 11.000 Jungfrauen erschienen, als die Alslebener sie um Hilfe im Dreißigjährigen Krieg anflehten. Bei deren Anblick flohen die Schweden: Sie dachten, ein gewaltiges Heer von Kriegern sei unterwegs.

Die südliche Quelle, Salzloch genannt, befindet sich wenige Kilometer weiter bei Obereßfeld auf der Gemarkung von Sulzdorf an der Lederhecke, ebenfalls dicht an der früheren innerdeutschen Grenze. Nur wenige Meter von der Quelle entfernt trieb das dünnere Rinnsal, Saalegraben oder Dagigbach genannt, schon im Jahre 1317 das Rad der Heckenmühle an.

Schloss Sternberg bei Sulzdorf, eine weithin sichtbare, frühbarocke Anlage aus den Jahren 1667 bis 1669, dürfte eines der prächtigsten Monumente seiner Art im Kreis Rhön-Grabfeld sein. Der Architekt Matthias von Saarburg, ein Kapuzinerpater, wollte mit den vier Ecktürmen an die vier Jahreszeiten erinnern, mit den 52 Türen an die Wochenzahl des Jahres, und 365 Fenster (es sind tatsächlich bei weitem weniger) sollten die Zahl der Tage im Jahreslauf erinnern. Der weiße Vierflügelbau mit seinen markanten Ecktürmen befindet sich in Privatbesitz (Eigentümer ist das Menschenfreundliche Werk, eine christliche Gemeinschaft) und kann nicht individuell besichtigt werden. Das Schloss wurde in den vergangenen Jahren innen und außen renoviert.

vorherige Seite: *Nördliche Saalequelle bei Alsleben*

St. Ursula

Salzloch

Schloss Stemberg

Sonnenblumenfeld vor Schloss Stemberg

24
GRÜNES
BAND

24. Grünes Band

Vom 38 Meter hohen Bayernturm, 1966 auf dem 429 Meter hohen Büchelberg bei Zimmerau errichtet, lohnt bei klarem Wetter ein Rundblick bis zur Rhön im Westen und dem Thüringer Wald im Osten. Vor allem vor 1989 war er viel frequentiert, bis die Fertigstellung der Autobahn A7 die nahegelegene Bundesstraße 279 entlastete – und der Bayernturm etwas ins Abseits geriet. Der Aussichtsturm war als Symbol der Deutschen Einheit gedacht, das gerade auch von den Deutschen im damaligen DDR-Bezirk Suhl (von weitem) gesehen werden sollte und seinerseits einen Blick über die Innerdeutsche Grenze erlaubte. So wünschte Alex Hösl MdB anlässlich der Einweihungsfeier, der Turm möge eines Tages inmitten eines vereinigten Deutschlands in einem geeinten Europa stehen.

Die DDR-Staatssicherheit erklärte den Turm im Jahre 1984 zum „Feindobjekt", über das sie so viel wie möglich erfahren wollte. Dazu setzte sie auch „Inoffizielle Mitarbeiter" ein. In ihrem „Einstellungsbericht" vom 1. Februar 1989 stellte das MfS fest, es gäbe keine „Hinweise über direkte feindlich-negative Auswirkungen".[1]

Heute ist der Bayernturm keineswegs verwaist: Vor allem im Sommerhalbjahr werden die 182 Stufen zur 200 Quadratmeter fassenden Aussichtsplattform erklommen. Das Treppenhaus hinterlässt nicht den besten Eindruck: ein Anstrich und die Anwendung eines Entrostungsmittels würde Abhilfe schaffen. 2020 sagte der bayerische Staat eine Unterstützung in Höhe von 400.000 Euro zu, um den Turm zu sanieren. Beabsichtigt ist darüber hinaus die Installation eines Außenaufzugs und eine Neugestaltung der Aussichtsplattform.[2]

Einige hundert Meter östlich der Saalequellen erstreckt sich ein einzigartiges Naturschutzgebiet auf einer Länge von mehr als 1.300 Kilometern und einer Breite von rund einhundert Metern: das Grüne Band Deutschland, das sich auf dem früheren Todesstreifen als ein Band des Lebens von der Ostsee zur tschechischen Grenze im Fichtelgebirge zieht. Im weiteren Sinne kann von einem Grünen Gürtel durch Europa gesprochen werden, denn er reicht vom Eismeer bis zur bulgarisch-türkischen Grenze.

---

1 Zitiert nach: Albert, Reinhold: 1989 brachte das Ende des Stasi-Feindobjektes „Thüringenblick". In: Frankenland, 1999, 420-30, dort 430.

2 LT-Präsidentin besuchte den Bayernturm. In: Allgemeines (rhoen-saale.net).

vorherige Seite: „Road to Nowhere" Richtung Bayernturm und Landesgrenze

Bayernturm

In der Nachkriegszeit machte sich im Grabfeld die allmähliche Spaltung Deutschlands bemerkbar. Zuvor gingen 60 Prozent der landwirtschaftlichen Erzeugnisse dieses Kreises nach Thüringen und Sachsen. Als immer mehr Deutsche aus der Ostzone (wie die SBZ im Volksmund hieß) in die westlichen Zonen flohen, gingen die Sowjetische Militäradministration und die von ihr kontrollierten deutschen Behörden die ersten Schritte zur Abschottung an: Nach dem 30. Juni 1946 unterlagen Warentransporte über die Zonengrenze einer Genehmigungspflicht, der freie Personenverkehr war eingeschränkt. Zunächst waren Wege gesperrt, dann kamen im Jahre 1947 an einigen weniger übersichtlichen Stellen Stacheldrahtzäune hinzu. Ab 1952 und verstärkt ab 1961 baute die DDR ihre Demarkationslinie zur Bundesrepublik Deutschland zu einer unerhört schwer zu überwindenden Grenze mit einem 3,20 Meter hohen Zaun und Wachtürmen aus. Zeitweise

Wachturm (1983) und Führungsbunker (1960er Jahre) mit Hinterlandsicherungszaun bei Gompertshausen nahe Trappstadt

lagen im Abstand von einem halben Meter Minen in der Erde, mit anderen Worten: drei bis vier pro Quadratmeter. Vor rund 40 Jahren befanden sich allein in dem zehn Kilometer langen Grenzabschnitt bei Trappstadt an die 60.000 Landminen. Sie brachten auch vielen Tieren einen qualvollen Tod. Zu den bizarren Begebenheiten der deutschen Spaltung gehörte, dass die DDR das nach Westen ablaufende Wasser aufzuhalten versuchte. Folge: zu viel Wasser auf der östlichen Seite. „Mit der Zeit war alles so versumpft. Dann haben wir mit viel Aufwand tiefe Entwässerungsgräben gezogen, damit wir das Wasser nach Osten gebracht haben", so ein ehemaliger LPG-Bauer im Rückblick.[3] Das Grauen und die Groteske liegen bisweilen nahe beieinander.

Die DDR-Grenztruppen vergaßen 1990, einen Abschnitt vollständig zu räumen. Daher ist zwischen Trappstadt und dem Weiler Schlechtsart der Grenzzaun auf einer Länge von 300 Metern stehen geblieben. Dort verläuft der fast elf Kilometer langer Rundwanderweg „Der Grenzgänger" ab Trappstadt entlang der früheren Demarkationslinie. Zahlreiche Tafeln informieren über Natur und (Grenz-)Geschichte. Hinweisschilder warnen davor, vom Weg abzuweichen, denn nach wie vor könnten im früheren Todesstreifen Minen liegen. Noch ist der frühere Kolonnenweg der DDR-Grenztruppen erkennbar.

Das Grüne Band wirkt heute, ohne Wachtürme, Hundelaufanlagen, Lichtanlagen, den Metallgitterzaun und Patrouillen geradezu idyllisch. Es verbindet in diesem Abschnitt Unterfranken mit Thüringen.

Wenige Kilometer weiter, zwischen Zimmerau und Rieth, steht ein weiterer kleiner Rest des Grenzzauns. Auf einem Gedenkstein ist zu lesen: „Zur ewigen Mahnung an die Teilung unseres deutschen Vaterlands". Hier öffnete die DDR am 16. Dezember 1989 auf Drängen der Anwohner den „Eisernen Vorhang".

Ein Band von Reinhold Albert (mit Hans-Jürgen Salier) sei an dieser Stelle empfohlen: Grenzerfahrungen kompakt: Das Grenzregime zwischen Südthüringen und Bayern/Hessen 1945 bis 1990. Leipzig: Salier Verlag, 2009.

Wir können uns alle glücklich schätzen, dass die Spaltung mitten durch Europa, die so viel Leid brachte, ohne das geringste Blutvergießen zu Ende ging.

---

3 Trappstadt/Schlechtsart: Wandern am vergessenen DDR-Grenzzaun | Zeitgeschichte | Franken | BR.de.

Grenzzaun

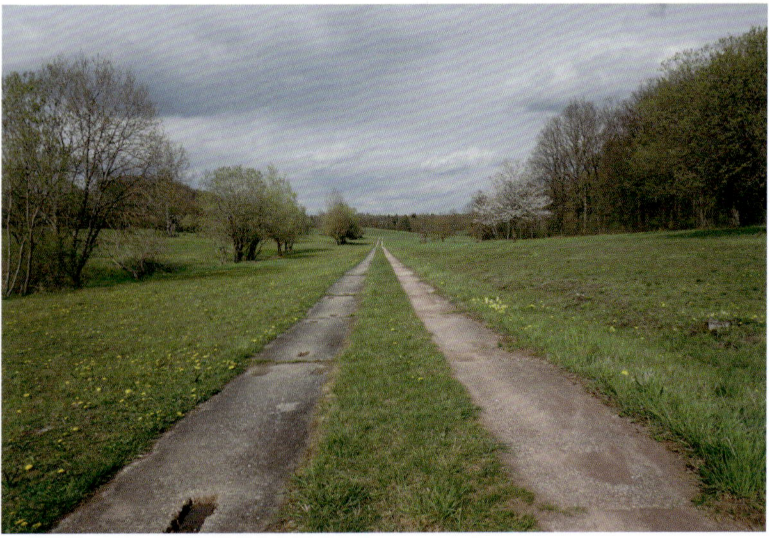

Kolonnenweg der DDR-Grenzer

Gedenkstein

Zur Erinnerung an die Grenzöffnung

An dieser Stelle endet unsere Tour mit Blick auf 1.200 Jahre fränkischer, deutscher und europäischer Geschichte zwischen dem verkehrsreichen Gemünden und dem ruhigen Karolingerland Grabfeld.

Gespräch mit Kreisheimatpfleger Reinhold Albert, 11. April 2022, in Sternberg/Grabfeld

Zum Abschluss meiner „Expedition“ flussaufwärts an der Fränkischen Saale suchte ich einen Mann auf, der sich seit seiner Jugend für die Heimatgeschichte interessiert, und der seit über 40 Jahren Aufsätze und Bücher darüber veröffentlicht: Reinhold Albert, Jahrgang 1953. Ausgangspunkt seines lebenslangen Wirkens als Heimatforscher war das markante, weit über den dörflichen Charakter seines Heimatortes Sternberg hinausragende Schloss mit seiner Geschichte, das zum Gegenstand seiner ersten Veröffentlichung wurde. Fast logischerweise setzte Albert die Erforschung der Dorfgeschichte fort, und geradezu selbstverständlich war es für ihn, als damaligen Beamten der Bayerischen Grenzpolizei, über den Eisernen Vorhang in seinem Dienst- und Lebensbereich zu informieren – sei es durch Führungen oder später durch Buchveröffentlichungen. Nach dem Bundesverdienstkreuz am Bande erhielt er 2022 die Justus-Schneider-Medaille (Kulturpreis des Rhönklubs e. V.) für Verdienste um die Pflege Rhöner Kultur.

Winckler: Was ist das Besondere, das Einzigartige an der Region Fränkische Saale?

Albert: Das Interessante an der Fränkischen Saale ist, dass sie direkt an der thüringisch-bayerischen Landesgrenze entspringt. Die Fränkische Saale hat zwei Quellflüsse aus dem Saalbrunnen bei Alsleben und dem Salzloch bei Obereßfeld. Die eine Quelle liegt 200 bis 300 Meter von der Grenze entfernt, und die andere drei bis vier Kilometer. Abgesehen von einem Bach namens Milz: Alles was dort jenseits der thüringischen Grenze entspringt, fließt schließlich in die Werra, und was hier auf der bayerischen Seite entspringt, fließt über die Saale in den Main. Da gibt es auch, überspitzt gesagt, „Scharmützel“: Die Alslebener sagen, das ist der wahre Saaleursprung, und die Obereßfelder sehen den „wahren Ursprung“ auf ihrer Gemarkung. Da gibt es nachbarschaftliche Rivalitäten, aber das ist mehr im läppischen Bereich.

Alljährlich findet das SaaleMusicum[1] statt – zuletzt ist es wegen Corona zweimal ausgefallen. Einmal ist der Auftakt an der Saalequelle bei Alsleben, einmal in Obereßfeld. Um zu zeigen, dass es zwei gleichberechtigte Bächlein sind, die bei Untereßfeld zusammenfließen.

W.: Saale heißt noch ein anderer Fluss, der sich von Franken durch Thüringen und Sachsen-Anhalt zieht...

A.: Was mir immer aufgefallen ist: Die Fränkische Saale ist in Deutschland weniger bekannt als die Sächsische Saale. Auch bei Gruppen, die hier zu Führungen angereist waren.
Das Besondere an der Fränkischen Saale ist, dass sie noch weitgehend in ihrem ursprünglichen Flussbett fließt. Weiter östlich fließt die Itz von Coburg herunter. Sie wurde begradigt in den 1960er und 70er Jahren. Und jetzt gehen sie her und stellen das ursprüngliche Flussbett wieder her. Die Fränkische Saale ist meiner Kenntnis nach im Grabfeld – ich weiß nicht, wie es im Bereich Hammelburg/Gemünden ist – noch original: so, wie sie entstanden ist.
Was auch etwas Besonderes ist: Das ist ja faszinierend, wie viele Mühlen es ursprünglich an der Fränkischen Saale gab. Allein im Bereich des Altlandkreises Bad Königshofen, den die Saale durchquert: 33 Mühlen. Man kann sich das heute gar nicht vorstellen. Schon 150 Meter nach dem einen Ursprung, dem Salzloch in Obereßfeld, kommt die erste Mühle. Jede Ortschaft hatte oft zwei, drei Mühlen. Da sind natürlich heute kaum noch welche vorhanden. Und landschaftlich ist es eben eine wunderschöne Gegend.
W.: Diese Antwort nimmt die nächste Frage schon ein Stück weit vorweg: Was macht diese Gegend an der Fränkischen Saale besonders liebenswert?

1 SaaleMusicum heißt das alljährliche Musikfestival der Region. In den Orten an der Saale treten seit 2004 im Juni/Juli lokale Chöre und Musikkapellen auf. Es wird alljährlich an einer der beiden Saalequellen eröffnet, während das Abschlusskonzert in Gemünden stattfindet. So ist landkreisübergreifend die gesamte Saaleregion einbezogen. Die Bayerische Musikakademie in Hammelburg wirkt als Veranstalter.

Bad Kissingen, Saaleauen

Nahe Ruine Homburg

A.: Da müssen wir vielleicht ein bisschen ausholen: Durch den Zweiten Weltkrieg und seine Folgen waren wir ziemlich an den Rand gedrängt. Dadurch hat sich so viel Ursprüngliches erhalten, was andernorts nach 1945 verloren ging. Die Gegend ist tatsächlich noch so richtig ländlich strukturiert, es sind vor allen Dingen im direkten früheren Grenzbereich die alten Kirchen vorhanden. Wenn man 15 Kilometer weiterfährt, ist es anders: Da hat man in den 1970er Jahren die alten Kirchen oft durch Neubauten ersetzt.
Es hat sich auch etwas verändert durch die gewandelte Landwirtschaft. Sternberg, wo ich herkomme, ist ursprünglich ein reines Bauerndorf gewesen. Hier gibt es heute keinen einzigen hauptamtlichen Landwirt mehr, es gibt keine Kuh mehr, es gibt keine Schweine mehr. Es ist unvorstellbar, wie sich das verändert hat. Aber der Charakter dieser Ortschaften ist im Großen und Ganzen erhalten geblieben. Es hat halt auch die notwendige Industrie gefehlt. Der nächste größere Industriestandort war Schweinfurt. Und ansonsten war nicht allzu viel da. Also wie gesagt: Die Gegend war ursprünglich landwirtschaftlich geprägt, und dadurch konnte sich sehr viel erhalten.

W.: Und damit ist auch schon die Frage beantwortet, was sich in den letzten 30 Jahren verändert hat.
Was sollte unbedingt einmal über diese Gegend geschrieben werden, was bisher noch nicht veröffentlicht wurde? Was wäre ein Gewinn, was wäre reizvoll?

A.: Wichtig wäre eine Zusammenfassung der jüdischen Geschichte. Im Synagogen-Gedenkband[2] ist es zwar sehr gut herübergekommen, aber wie wäre es mit einer Darstellung zu einem günstigeren Preis? Gerade in dieser Gegend gab es Ortschaften, da waren ein Drittel der Einwohner Juden. Der zweitgrößte jüdische Friedhof Bayerns liegt hier in der Nähe auf dem Judenhügel bei Kleinbardorf. Das

---

2 Mehr als Steine ... Synagogen-Gedenkband Bayern, Teilband III/2: Unterfranken. Lindenberg: Kunstverlag Josef Fink, 2021. Abgesehen von Gemünden, Adelsberg und Heßdorf wird darin auch die Region Fränkische Saale behandelt. Präsentation des mehrbändigen Werks: Mehr als Steine... Synagogen-Gedenkband Bayern (synagogenprojekt.org).

wäre mir zeitlebens noch ein Anliegen, dass die Geschichte der Juden im Grabfeld, überhaupt an der Fränkischen Saale komprimiert festgehalten wird. Das wäre mir ein Bedürfnis. Kirchen, Burgen und Schlösser als Thema, das gibt es alles. Überhaupt – was mir also auch wichtig wäre, und ich überlege es mir wirklich, noch zeitlebens etwas über die Entwicklung in der Landwirtschaft zu schreiben. Ich habe es erlebt als Bub: Wir haben eine Dreschmaschine im Hof gehabt. Ich bin ein Bauernsohn. Mit einer Dampfmaschine ist die angekurbelt worden. Und wie sich das total verändert hat. Über Jahrhunderte hat sich kaum etwas verändert in der Landwirtschaft, und dann ab den 50er, 60er Jahren: Das war ein rapider Fortschritt. Dass man das einfach mal festhält. Ich kann mich noch entsinnen: Wir sind im Frühjahr mit der Oma auf die Kleefelder gegangen und haben Schafmoilich, den Feldsalat geerntet. Das findet man heute nicht mehr. Diese ganze Entwicklung: Dreschen über die Grummeternte, die Heuernte, dass man mal festhält, welche Arbeit das war, wie es vom Wetter abhängig war usw. Oder: Der Opa hat immer auf das Barometer geguckt, wie das Wetter wird. Heute guckst du im Internet. Solche Sachen. Dass man festhält, wie sich das rapide verändert hat, das wäre mir wichtig.

W.: Wie könnte die Öffentlichkeitsarbeit der gesamten Region Fränkische Saale besser werden?

A.: In letzter Zeit wird schon sehr viel getan. Man müsste es mehr komprimieren.

W.: Das Gemeinsame von der Quelle bis zur Mündung...

A.: Genau, das müsste man besser herausstellen, mit dem Ziel, dass man viel besser zusammenarbeitet. Da gibt es jetzt zum Beispiel eine Seite aus der Rhön, hervorragend, so etwas wünsche ich mir auch für den Saalebereich. Wenn ich z.B. nach Bischofsheim fahren will: Da zeigt mir die App die Wirtschaft, in einer Entfernung von soundsoviel Kilometern, in der ich essen gehen kann. Das fehlt. Eine App, durch die man das alles gemeinsam gestalten könnte. Da gibt es das SaaleMusicum. Das Problem ist: Wir haben den Naturpark Haßberge, wir haben den Naturpark Rhön, Schweinfurter Land, wir haben Hammelburg und was dort ist. Das müssten wir viel besser zusammenfassen.

W.: Das ist genau meine Meinung!

A.: Da läuft viel zu viel nebenher, also getrennt.

W.: Das sehe ich auch so, das ist der Leitgedanke dieses Buches. Nicht die einzelnen Kreise, sondern die Saale von den Quellen zur Mündung, denn so weit ist es ja nicht von Gemünden hierher [nach Sternberg]. Und da möchte man gerne ein paar Dinge vergleichen.

A.: Ja, genau.
Es wäre wichtig, eine App der einzelnen Saale-Abschnitte zu schaffen, das wäre wirklich ein Anliegen.
So wird viel zu viel nebeneinander her gearbeitet. Da gibt es da und dort eine Tourist-Information, z.B. in Hofheim für die Haßberge. Ein Ziel wäre, das viel besser zu vernetzen.

W.: Da gibt es beispielsweise „Frankens Saalestück" als Zusammenarbeit, aber was ist darüber hinaus ein paar Kilometer nordöstlich?

A.: Ja genau.
Wie z.B. Königshofen und die Umgebung hier – die gehört zum Naturpark Haßberge. Mellrichstadt gehört zur Rhön. Mehr Gemeinsamkeit, weniger Nebeneinander: das wäre praktisch.

W.: Ich habe so viel für mich entdeckt, was mir zuvor unbekannt war, ob das jetzt die Herkunft von Goldmann und Sachs ist....

A.: Marcus Goldmann ist in Trappstadt geboren.

W.: Das hätte ich nie gedacht. Die Familie Merck hat ursprünglich in Hammelburg gewirkt. Es gibt eben nicht nur Jakob Kaiser und Julius

Saal an der Saale von Osten

Kardinal Döpfner. Es gibt so viele Namen, nicht zu vergessen kleine Leut', die Widerspruch übten und Widerstand gegen die Nazis auf lokaler Ebene leisteten, ohne dass man die jetzt z.B. in Aschaffenburg kennt.

A.: Henry Kissingers Vorfahren waren ursprünglich aus Kleineibstadt. Da gibt es so viele interessante Sachen, die man wirklich viel besser vermarkten könnte. Da fehlt mir die Zusammenarbeit.

W.: Was mich total überrascht hat: Die Partnerstadt von Bad Königshofen ist Arlington, Texas. Heute eine Großstadt. Eine faszinierende Geschichte, wie die Städtepartnerschaft durch eine Studienreise zustande kam. Das ist originell, das ist kurios, das erwartet kein Leser von außerhalb. Die Geschichte bietet viele Überraschungen.

A.: Friedrich der Große ist einmal durch die Gegend geritten. Solche Sachen. Da gibt es viel Interessantes. Wenn man das alles aufschreiben wollte, müsste man 200 Jahre alt werden.

W.: Für die nächsten hundert Jahre wären Sie ausgebucht. *(lacht)*

A.: Ja, so alt werden wir nicht. *(lacht)*

W.: Wann waren Sie bei der Grenzpolizei?

A.: Man muss folgendes sagen: Es hat bei uns früher nicht viele Möglichkeiten gegeben, die höhere Schule zu besuchen. Zum Bus bin ich um dreiviertel sechs, und am Abend oft um halb sechs heimgekommen. Da bin ich halt zum Staat. 1970 kam ich zur Polizei, war dann 1972 in Fürstenfeldbruck dabei bei dem Überfall, war in Obernburg und in Bad Kissingen, und dann, 1977, bin ich zur Grenzpolizei. 1976 haben wir geheiratet und 1977 hier gebaut. Da war ich bis zur Auflösung 1990 in Maroldsweisach, wo ich auch die Informationsstelle aufgebaut habe. Ich habe eine Riesensammlung über die Grenze, mit 3.000 Bildern. Dann war ich bei der Landespolizei in Ebern bis zur Pensionierung 2014.

W.: Konnten Sie sich vor dem Herbst 1989 einen Abbau der DDR-Grenzanlagen zu Ihren Lebzeiten vorstellen? Konnten Sie sich vor 1989 eine Wiedervereinigung vorstellen?

A.: Ich habe ja viele Führungen an der Innerdeutschen Grenze gemacht, und habe da immer erzählt – denn ich war felsenfest davon überzeugt, auch im Frühjahr 1989: Frühestens meine Enkelkinder werden einmal erleben, dass diese Grenzanlagen verschwinden. Alles, was 1990 passiert ist, ist für mich heute noch ein wirkliches Wunder.

W.: Ja, für mich auch. Ich erinnere mich gut an meine Wehrdienstzeit in Hammelburg 1987/88, und welche Themen im Freundeskreis dort und zuhause im Gespräch waren. Das Wort „Wiedervereinigung" ist bei uns nie gefallen, nicht einmal, wenn Verwandtenbesuch aus der DDR kam.

A.: Selbst die Bild-Zeitung hat im Frühjahr 1989 aufgehört, die DDR in Anführungszeichen zu setzen.

W.: Richtig, ja!

A.: Unvorstellbar, unvorstellbar. Die DDR war von uns quasi anerkannt.

W.: Vertragspolitik war angesagt, und die bundesdeutschen Ministerpräsidenten haben sich 1988 gerne mit Honecker zusammen gezeigt, z.B. auf der Leipziger Messe.

A.: Im Frühjahr 1989 hat die DDR 500 Meter hinter der Grenze einen Hinterlands-Sicherungszaun neu gebaut. Und ein halbes Jahr später war er Makulatur. Unvorstellbar, unvorstellbar. Das hätte man niemals für möglich gehalten. Oder hätten Sie sich den Ukraine-Krieg von heute vorstellen können?

W.: Nein, keineswegs.
Was hat sich denn Ihnen im Zusammenhang mit der Grenze besonders eingeprägt? Sie haben ja so viel in diesen Jahren erlebt – Flüchtlinge kamen über die Grenze... das wäre dann die nächste Frage.

A.: (Lacht) Wissen Sie was, heute lache ich darüber. Als die Thüringer das erste Mal über die Grenze kamen, am Schlagbaum: Mich hat's bald umgehauen. Die sprachen ja genauso wie wir. Du hast immer gedacht, das sind Sachsen, die sächseln alle. Die haben noch ursprünglicher geredet als meine Oma und mein Opa: Diesen alten Dialekt hatten sie noch bewahrt. Heute lache ich drüber: Warum sollen sie anders reden? Aber so weit hat man sich auseinandergelebt. Der Dialekt hat mich am meisten überrascht.

W.: Da gab es bestimmt Fluchtversuche oder eine Flucht direkt in ihrem Abschnitt.

A.: Bei Ermershausen hat ein Grenzsoldat seinen Kollegen niedergeschossen, und ist dann über die Grenze geflüchtet. Es kam deswegen zur Verhandlung vor dem Landgericht in Bamberg. Ich werde es nie vergessen: Da habe ich ausgesagt, und der Richter fragte mich, ob

ich dem Flüchtling, der rüberkam, die vorläufige Festnahme erklärt habe. Ich werde das nie vergessen. Da kommt jemand in Uniform rüber und ich soll ihm die vorläufige Festnehme erklären.
„Wissen Sie, Herr Richter, wie es da überhaupt an der Grenze zugeht?" Das wollte der gar nicht begreifen. Da kommt ein Flüchtling aus der DDR und der westdeutsche Polizist sagt, „Sie sind vorläufig festgenommen". Da kann er gleich wieder rein in die DDR. So weltfremd.

W.: Das kann man laut sagen.

A.: Ich war manchmal erschüttert, wenn ich eine Grenzschulung gemacht habe. Da waren Kinder und Erwachsene dabei, die haben zehn, 15 Kilometer von der Grenze entfernt gelebt. Die haben null Ahnung gehabt. Das war erschreckend.

W.: Ich war geografisch weiter entfernt, aber innerlich näher dran als viele, denn ich hatte Verwandte in der DDR.

A.: Was auch bedeutsam ist - ich sehe das so als Heimatpfleger und als hier Wohnender: Ich habe Ihnen vorhin erzählt, dass hier viel an und für sich gleich geblieben ist nach dem Krieg. Aber noch gravierender war das in den Ortschaften im ehemaligen Sperrgebiet, der Fünf-Kilometer-Zone jenseits des Zauns. Die durften ja nicht neu bauen. Bei uns haben sie einfach abgerissen und oft einen Betonkasten hingestellt. Und drüben war alles noch original. Wenn Sie mal Zeit haben und nach Ummerstadt kommen oder nach Heldburg: was das für wunderschöne Städtchen sind! Und da hat sich noch viel mehr erhalten an alter Bausubstanz und v.a. an altem Brauchtum. Die haben noch genau so wie früher Äpfel gemostet mit der Hand, Fleisch konserviert usw. Es hat noch keinen Gefrierschrank gegeben. Für mich war also die Grenzöffnung eine Reise in meine Kindheit.

W.: Wie haben Sie denn den Abend des 9. November 1989 erlebt?

A.: Das vergisst man nicht. Also Folgendes: Meine Frau hatte am 10. November einen Termin in Neustadt beim Arzt, und ich hatte einen Tag

vorher Nachtschicht, und da gehst du halt eher zu Bett. Am nächsten Tag sind wir früh aufgestanden, haben die Kinder fertig gemacht und zur Schule gefahren. Dann sind wir nach Bad Neustadt. Und da, wo die B19 von Mellrichstadt verläuft, ist uns aufgefallen, da kommen so viele Trabis. Und wir fragten uns: warum? Nach dem Arzttermin gingen wir in einen Einkaufsmarkt, und da waren Männer in Arbeitskleidung. Sie standen vor den Regalen. „Ah, was es da alles gibt, unwahrscheinlich! Zum Anziehen und so weiter! Wahnsinn!" „Was ist mit Euch los?" - „Ja weißt Du denn das nicht – die Grenze ist auf! Wir kommen aus Meninge (Meiningen). Wir kommen von der Nachtschicht heim, haben uns sofort ins Auto gesetzt und sind über die Grenze".
Meine Frau und ich haben gleich die Kinder von der Schule geholt und sind in Breitensee an die Grenze gefahren. Auf der Straße drüben fuhren die Trabis vorbei und die Insassen haben gewunken.

W.: Breitensee war an drei Seiten von der Grenze umschlossen. Dort war seit 1966 die erste Grenzinformationsstelle.

A.: So haben wir also die Grenzöffnung erlebt. Praktisch verschlafen *(lacht)*.

W.: Was mich angeht: Es war ein kühler, regnerischer Donnerstag. Ich dachte: Jetzt gab es fast täglich bahnbrechende Neuigkeiten aus der DDR und Ost-Berlin, das kann sich nicht jeden Tag so fortsetzten. Heute Abend wird es bestimmt etwas ruhiger. Und dann sprach Schabowski seine berühmt gewordenen Worte, und es wurde von Stunde zu Stunde ein größeres Ereignis.

A.: Genau. Und dann in der Folgezeit: Wir hatten so einen alten Schwarz-Weiß-Fernseher im Büro. Ich habe den ganzen Tag den Runden Tisch in Ost-Berlin nebenbei geschaut, den das DDR-Fernsehen übertragen hatte. Das war schon unwahrscheinlich, das vergisst man nicht.

W.: Weil die Straßen alle verstopft waren, bin ich erst später hingefahren.

Wir waren am darauf folgenden Wochenende in Mellrichstadt: alles zu. Du hast natürlich die Schleichwege gekannt. Zweifellos eine interessante Zeit. Ich meine, vieles wurde bis jetzt zur Normalität. Es ist mehr als 33 Jahre her. Die DDR und die Sowjetische Besatzungszone zuvor hatten gerade einmal 45 Jahre bestanden.
Erwartungen wurden erfüllt, vielleicht übertroffen.
Ja -

W.: Es war eine bunte Mischung.

A.: Positives, aber auch Negatives. Wir waren vorher bevorzugtes Gebiet der Grenzlandhilfe, und die ist dann eben weggefallen. Und dann kam es dazu, dass sich viele der Betriebe von hier fünf Kilometer weiter östlich angesiedelt haben. Das war nicht so schön. Da will ich ein Beispiel erzählen. Wir gehen seit der Grenzöffnung in den Nachbarort in Thüringen zum Friseur. Der Vater der Friseurin war schon älter, und vor seinem Tod wollte er mit seiner Tochter die Ortschaften auf der bayerischen Seite aufsuchen. Und da sind sie durchgefahren, es war 1994/95. Als sie wieder daheim waren in Rieth, sagte er: „Bei denen sieht es noch genau so aus wie bei uns früher". Sie haben nach 1990 alles, das Feinste vom Feinen bekommen, und bei uns ist alles stehen geblieben. So war da halt. Früher mussten sie 40, 45 Jahre hinter dem Eisernen Vorhang im Sperrgebiet leben, warum soll man ihnen die Verbesserungen nach 1990 nicht gönnen? Interessant: Da sagt er, „hier sieht es genau so aus wie bei uns früher".

W.: Sie haben ja auch über Bad Königshofen viel geschrieben, über die lokale Geschichte in der Weimarer Republik. Dort war ja die NSDAP relativ stark, verglichen mit den anderen Saale-Landkreisen außer der Stadt Bad Kissingen.

A.: Ja. Der Kreisleiter Schessing war ein Obernazi, klar, und auch in Bad Neustadt der Kreisleiter Ingebrand. Da ist schon viel Schlimmes passiert. Und auch, das muss man sagen: Viele Lehrer gaben ein schlechtes Beispiel. Von den Lehrern ist lediglich einer 1945 direkt übernommen worden, weil er gegen die Nazis war, die anderen wurden entlassen. Und alle sind sie später wieder eingestellt worden: Der Rektor und alle Möglichen, in den fünfziger Jahren. Das regt zum Nachdenken an.

W.: Ja, von 1951 war das Gesetz.

A.: Einer, der bei uns die Judendekrete unterschrieben hat, war später einer der höchsten Beamten im Landratsamt.
Das muss man kritisieren an den frühen Jahren der Bundesrepublik. Jawohl. Die sind alle wieder hochgekommen. Genau wie später nach dem Ende der DDR mit deren Personal. Dasselbe „in grün". Diejenigen, die früher oben dran waren, sind auch heute wieder oben dran. Nach der friedlichen Revolution: Diejenigen, die frühzeitig auf den Montagsdemonstrationen waren, wurden als erste entlassen.
Genau das gleiche Spiel ist in der Ex-DDR passiert. Es steht uns jetzt nicht zu zu urteilen, aber das war einfach eine Sauerei.
Wenn ich überlege: Er hat Führungen an der Grenze gemacht, hat damit noch Geld verdient, unvorstellbar, hat die Dekrete unterschrieben über die Deportationen der Juden 1942. Und das ist alles stillschweigend hingenommen worden.
Das muss man kritisieren, das ist wahr.
Wobei Sie dann in einer Zeit aufgewachsen sind, in der man das Thema mehr in der Schule behandelt hat. Bei uns war mit dem Ersten Weltkrieg Schluss.

W.: Ja, das höre ich oft, wenn ich mit Personen aus Ihrer Generation spreche.

A.: Ich weiß, als ich mein erstes Buch geschrieben habe mit dem Titel „Geschichte der Juden im Grabfeld", 1991, da hatte meine Frau Angst, dass uns die Fensterscheiben eingeschmissen werden. Ein höchst gewagtes Buch. Heute ist das etwas anderes. Aber damals war es noch höchst gefährlich, so ein Buch zu schreiben.

W.: Deshalb bin ich zu Ihnen gekommen. Ich will an den Schluss des Buches etwas Originelles setzen: die innerdeutsche Grenze wird zum

Grünen Band. Und Sie sind als Zeitzeuge jemand, der etwas sagen kann, was man sonst nicht so schnell findet.

A.: Ich bin eben verwachsen mit der Gegend. Ich habe Ihnen ja erzählt, ich bin Polizeihauptkommissar im Ruhestand. Ich hätte Karriere machen können. Aber ich wollte lieber hier bleiben. Das ist meine Heimat, da bin ich geboren und da sterbe ich auch.

W.: Da sind wir schon bei der nächsten Frage. Was ist für Sie Heimat?

A.: Heimat ist da, wo ich aufgewachsen bin. Die Region, an die ich Erinnerungen habe, den Dialekt spreche. Wer von weit außerhalb kommt, dem fehlt der Bezug. Wissen Sie, wer früher die besten Heimatpfleger waren? Die Heimatvertriebenen. Die wussten, was Heimat ist, was sie verloren haben. Die wussten, was Heimat ausmacht. Die haben sich ungeheuer engagiert. Sie haben Leute für solche Sachen begeistert. Und früher waren es auch die Dorfschullehrer. Wir hatten also noch Heimatkunde in der Schule.

W.: Hatten Sie früher einmal damit gerechnet, dass der Krieg hier ausbricht? Fulda Gap ist ja nicht so weit weg.

A.: Unser Alptraum als Kinder war: „Die Russen kommen". An dem Tag, als die Russen tatsächlich in die Ukraine eindrangen, hat es mich dermaßen getroffen: „Jetzt werden die Alpträume wahr".
Sagen wir es einmal so: Als Erwachsener, als die DDR bestand, hatte ich eigentlich keine Angst. Aber heute? Den russischen Angriff auf die Ukraine hätte man nicht mehr für möglich gehalten. So ist jetzt eine andere Bedrohungslage da. Wenn Russland die Ukraine einnimmt, nimmt es auch noch weitere Länder.

Herr Albert, ich bedanke mich für das aufschlussreiche und ausführliche Gespräch!

Das Buch ist eine gute Idee. Ich bin davon überzeugt, dass es gut ankommt.

Literatur

Online im Internet

a, Wikipedia (in der Reihenfolge der beschriebenen Orte und Themen) (zuletzt abgerufen am 30.August 2023)

Fränkische Saale – Wikipedia
Gemünden am Main – Wikipedia
Freilandstation – Wikipedia
Homburg (Gössenheim) – Wikipedia
Kloster Schönau (Gemünden am Main) – Wikipedia
Höllrich – Wikipedia
Gräfendorf – Wikipedia
Hammelburg – Wikipedia
Maria Probst – Wikipedia
Erdfunkstelle Fuchsstadt – Wikipedia
Heilig-Kreuz-Kapelle (Machtilshausen) – Wikipedia
Trimburg – Wikipedia
Aura an der Saale – Wikipedia
Euerdorf – Wikipedia
Bad Kissingen – Wikipedia
Liste bekannter Kurgäste in Bad Kissingen – Wikipedia
Otto von Bismarck in Bad Kissingen – Wikipedia
Julius Döpfner – Wikipedia
Burgruine Botenlauben – Wikipedia
Untere Saline (Bad Kissingen) – Wikipedia
Aschach (Bad Bocklet) – Wikipedia
Bad Bocklet – Wikipedia
Steinach (Bad Bocklet) – Wikipedia
Bad Neustadt an der Saale – Wikipedia
Münnerstadt – Wikipedia
Glasfenster (St. Maria Magdalena, Münnerstadt) – Wikipedia
Kloster Bildhausen – Wikipedia
Wülfershausen an der Saale – Wikipedia
Saal an der Saale – Wikipedia
Bad Königshofen im Grabfeld – Wikipedia
Darre – Wikipedia
Trappstadt – Wikipedia
Bayernturm – Wikipedia
Grünes Band Deutschland – Wikipedia
Grünes Band Europa – Wikipedia
Zweiter Markgrafenkrieg – Wikipedia

b, Websites einzelner Gemeinden (zuletzt abgerufen am 30. August 2023)

Stadt Gemünden a.Main (stadt-gemuenden.de)
Stadt Hammelburg: Stadt Hammelburg
Tourist Information Euerdorf | Tourist Information Euerdorf
https://www.aura-saale.de/
Bad Kissingen: Tourismus, Hotels und Stadtinformation
Gemeinde Wülfershausen | Gemeinde Wülfershausen (wuelfershausen.de)
Gemeinde Saal | Gemeinde Saal (saal-saale.de)
Stadt Bad Königshofen - Rathaus und Bürgerservice (bad-koenigshofen.de)
LIS - Sulzdorf an der Lederhecke - Aktuelles (sulzdorf-adl.de)
LIS - Markt Trappstadt - Home

c, weitere Websites (zuletzt abgerufen am 30. August 2023)

1300 Jahre Hammelburg (hammelburger-geschichte.de)
80 riesige Antennen: Hier funkt Franken ins All | Nordbayern
60 Jahre Städtepartnerschaft von Arlington/Texas und Bad Königshofen // Osthessen|News (osthessen-news.de)
Alemannia Judaica - Arbeitsgemeinschaft zur Erforschung der juedischen Geschichte (alemannia-judaica.de)
Angeln in Hammelburg (anglermap.de)
Augustinerbibliothek Münnerstadt | bavarikon
195
badbocklet_stahlquelle-flyer.pdf (hescuro.de)
Bad Hersfeld - Würzburg: Die vergessene Reichsautobahn - DER SPIEGEL
'Bad Kissingen: Kurliste von Bad Kissingen und Kissinger Bad-Anzeiger. 1857', Bild 6 von 300 | MDZ (digitale-sammlungen.de)
Bad Neustadt (Saale) – Königshofen i. Grabfeld (spurensuche-eisenbahn.de)
Bad Neustadt an der Saale - Wiederaufbauatlas : Haus der Bayerischen Geschichte (bavariathek.bayern)
Burg Trimburg, Trimberg - Infos, Bilder und mehr - Burgenarchiv.de
Das Grüne Band: Vom Todesstreifen zur Lebenslinie – BUND e.V.
Datenbank der Ortsnecknamen in Unterfranken – Unterfränkisches Dialektinstitut (unterfraenkisches-dialektinstitut-wue.de)
Deutsche Verwaltungsgeschichte Bayern, Kreis Kissingen (eirenicon.com)
Deutsche Verwaltungsgeschichte Bayern, Kreis Gemünden (eirenicon.com)
Deutsche Verwaltungsgeschichte Bayern, Kreis Hammelburg (eirenicon.com)
Deutsche Verwaltungsgeschichte Bayern, Kreis Neustadt (eirenicon.com)
Deutsche Verwaltungsgeschichte Land Bayern, Kreis Königshofen (eirenicon.com)
Entrückung der hl. Maria Magdalena - Bayerisches Nationalmuseum (bayerisches-nationalmuseum.de)
Eugenio Pacelli. Kritische Online-Edition der Nuntiaturberichte 1917–1929 (pacelli-edition.de)

Findelberg (bistum-wuerzburg.de)
Das Fischgut Seewiese (fischgut-seewiese.de)
'Fontane, Theodor: Der deutsche Krieg von 1866. 2', Bild 122 von 466 | MDZ (digitale-sammlungen.de)
Fuschter Eul´s e.V. 1991 - Homepage - 97727 Fuchsstadt - www.fuschtereuls.de
Startseite | Geis Group (geis-group.eu)
Gemeinde Grabfeld - Geschichte
Gemünden am Main - Wiederaufbauatlas :: Haus der Bayerischen Geschichte (bavariathek.bayern)
Genussort Hammelburg - Tourismusverband Franken (frankentourismus.de)
Geschichtsquellen: Werk/2098
Gesetz betreffend die Einführung einer einheitlichen Zeitbestimmung – Wikipedia
Das Gesundheits- und Erlebnisbad | FrankenTherme Bad Königshofen
„Great Spas of Europe": Als Astronaut Neil Armstrong in Bad Kissingen landete – Rhein-
Lahn-Zeitung - Rhein-Zeitung
Grenzgeschichte - rhoen.info
Hammelburg - Wiederaufbauatlas :: Haus der Bayerischen Geschichte (bavariathek.bayern)
Startseite - Heimatspiel Münnerstadt (heimatspiel-muennerstadt.de)
Heraldik: Photos von Wappen in architektonischem Zusammenhang, Dokumentation und Datenbank (welt-der-wappen.de).
Herzlich Willkommen (hammelburger-album.de)
Historikerin enthüllt: Vorfahren von Goldman und Sachs lebten in Rhön-Grabfeld // Osthessen|News (osthessen-news.de)
In finnischen Büchern entdeckt: Finnen bauten erste Rauchsaunen in Königshofen // Osthessen|News (osthessen-news.de)
JOPP Group | Automotive, Elektromobilität, Mechatronik
Kampf um Steinach - Bad Bocklet
Kapitale Fische am Haken (infranken.de)
KARMELITER. Ein guter Schluck Heimat! (karmeliter-braeu.de)
Kisssalis Therme › Therme, Sauna & Wellness in Bad Kissingen, mitten in Deutschland
KissingerHimmel - Bad Kissingen erleben
Der beste Routenplaner zum Radfahren, Wandern und Laufen | Komoot
Lieder von Süßkind auf der Trimburg (infranken.de)
Markt Burkardroth Markt Burkardroth
Meine Homepage - Willkommen (foerderkreis-kloster-schoenau.de)
Die militärische Heimat aller Infanteristen (bundeswehr.de)
Münnerstadt und seine nächste Umgebung : nach den ältesten archivalischen Nachrichten dargestellt, besonders in seinen kirchlichen, Religions- und Schulverhältnissen ; mit 40 Urkunden und einem lithographirten Grundrisse der Pfarrkirche nebst den 3 ältesten Stadtwappen | bavarikon
Multimedia-Brunnen | moderner Wasserzauber | Bad Kissingen
https://www.museen-schloss-aschach.de/
Museum Herrenmühle in Hammelburg (museum-herrenmuehle.de)

http://www.museum-huttenschloss.de/
OB von Bad Kissingen: Welterbe bedeutet große Chance (pnp.de)
Königspfalz Salz: Forschungen im Pfalzgebiet Salz (pfalz-salz.de)
Portal (kreuzschwestern.de)
START - Kunert Wellpappe
http://www.politik-in-hammelburg.de
Preh: Automotive Bediensysteme, HMI, Schalter, Elektromobilität
Regentenbau (Bad Kissingen) - 2023 Lohnt es sich? (Mit fotos) (tripadvisor.de)
Reinhold-Albert.de - Home
Der renner : Hugo, von Trimberg, ca. 1230-ca. 1313 : Free Download, Borrow, and Streaming : Internet Archive
Home – Scherenburgfestspiele
Spielbank Bad Kissingen Casino Infos 2023
Home · Stadthalle Bad Neustadt (stadthalle-bad-neustadt.de)
Statistik kommunal für Bayern
Terra Triassica | Euerdorf (terra-triassica.de)
Thermen-Ranking: Die besten Saunen & Thermen 2020 (testberichte.de)
Tourismus in Franken trotz Corona im Aufwind: Diese Regionen waren 2021 besonders beliebt
Trappstadt/Schlechtsart: Wandern am vergessenen DDR-Grenzzaun | Zeitgeschichte | Franken | BR.de
Über uns (bildhausen.de)
Werke und Tage – Lebensweg II ‹ Artikel ‹ Literaturland Thüringen (literaturland-thueringen.de)
Zwölfuhrläuten: Steinach bei Bad Bocklet in Unterfranken | Unterfranken | Zwölfuhrläuten | BR Heimat | Radio | BR.de

d., Main-Post (geordnet nach der Reihenfolge der beschriebenen Orte, zuletzt abgerufen am 30. August 2023)

Franz Holzemer beugte sich den Nazis nicht (mainpost.de)
Chancenlos in den Fängen der Gestapo (mainpost.de)
Stunde Null: Als Gemünden starb (mainpost.de)
Blick in die Statistik: Gemündens Einwohnerzahl ist wieder fünfstellig (mainpost.de)
An der Homburg wächst eine einzigartige Gesellschaft (mainpost.de).
Wolfsmünster: Brückenzoll machte den Ort wohlhabend (mainpost.de)
Nachts in Hammelburger Weinkellern (mainpost.de)
Hammelburg: Warum die Leiterin der Tourist-Info geht (mainpost.de)
Truppenübungsplatz Hammelburg: Schloss Greifenstein wird renoviert (mainpost.de)
Ein „Kaiserreich" im Saaletal (mainpost.de)
Johannes Martin: Ein wahrhaft großer Stadtpfarrer - und das in mehrfacher Hinsicht (mainpost.de)
Dialektwörter gesucht (mainpost.de)
Serie Wördlich: Döggele (mainpost.de)
Serie Wördlich: Schinoos (mainpost.de)

Serie Wördlich: Beddlällich (mainpost.de)
Ortsnecknamen: Die Lust am Spott (mainpost.de)
Brunnen noch kein echter Blickfang (mainpost.de)
Im Landkreis Bad Kissingen: Die meisten Kommunen wachsen (mainpost.de)
Träger des Widerstandsgedankens (mainpost.de)
Geschichte: Ein Promi zieht nach Bad Kissingen (mainpost.de)
Gütesiegel für vorbildliche Gesundheitsförderung am Kurort geht an Bad Kissingen (mainpost.de)
Bad Kissingen: Wie ein kreativer Architekt und viele schlaue Köpfe alte Baukunst mit pfiffigen Ideen aufhübschten (mainpost.de)
Bad Bocklet im Aufwind: Kleines Staatsbad mit großartigen Gästezahlen (mainpost.de)
75. Todestag von Jakob Preh: Ein Leben für die Rettung der Stadt (mainpost.de)
Bad Neustadt: Siemens nimmt vollautomatisches Hochregallager in Betrieb (mainpost.de)
Einwohnerstatistik 2020: Bad Neustadt nimmt weiter ab
 (mainpost.de)
Karl der Große kam per Schiff (mainpost.de)
Kurbetrieb in Bad Königshofen: Nach langer Durststrecke ist die Talsohle durchschritten (mainpost.de)
Doppelwendeltreppe in der Stadtpfarrkirche ist eine Besonderheit (mainpost.de)
Bad Königshofen ist schon wieder die trockenste Stadt in Bayern (mainpost.de)
Unterfrankens Extreme: Ortbesuch in Trappstadt, dem Dorf, das am stärksten schrumpft - Main-Post (mainpost.de)

e, Listen des bayerischen Landesamts für Denkmalpflege (zuletzt abgerufen am 30. August 2023)

DenkmalAtlas 2.0 (bayern.de)
BayernAtlas - der Kartenviewer des Freistaates Bayern
denkmalliste_merge_677131.pdf (bayern.de)
denkmalliste_merge_677133.pdf (bayern.de)
denkmalliste_merge_672127.pdf (bayern.de)
denkmalliste_merge_672122.pdf (bayern.de)
denkmalliste_merge_672114.pdf (bayern.de)
denkmalliste_merge_672135.pdf (bayern.de)
denkmalliste_merge_673141.pdf (bayern.de)

f, Videos (zuletzt abgerufen am 30. August 2023)

Bad Kissingen -- Deutschlands bekanntester Kurort - YouTube
#Hockdichhi – Die Tradition der Mühlen | TV Mainfranken
Oorlogsverhalen; Wim van de Wouw - YouTube
Postkutsche Bad Kissingen
Unter unserem Himmel: Im Quellgebiet der Fränkischen Saale | ARD Mediathek

Gedruckte Publikationen

Monografien

Adress-Buch Bad Kissingen 1922/24, Bad Kissingen 1924.

Adress-Buch Bad Kissingen 1925/27, Bad Kissingen 1927

Ahnert, Thomas/Weidisch, Peter : 1200 Jahre Bad Kissingen 801-2001. Facetten einer Stadtgeschichte (Sonderpublikationen des Stadtarchivs Bad Kissingen). Bad Kissingen: Schachenmayer, 2001

Albert, Reinhold: Zeitzeugen berichten. Kriegsende 1945 und Nachkriegszeit im Königshöfer Grabfeld (Schriftenreihe des Vereins für Heimatgeschichte im Grabfeld, Bd. 7). Bad Königshofen: Verlag Stadt Bad Königshofen, 1995

Ders.: Das Grauen in der Hölle von Dachau - Die Leidenszeit des Pfarrers August Eisenmann aus Alsleben im KZ Dachau von 1941 – 1945 (Schriftenreihe des Vereins für Heimatgeschichte im Grabfeld, Bd. 34. Untereßfeld 2014

Bauer, F. Bernward: Kloster Schönau. Im Wandel der Zeitgeschichte von 1699 bis zum 200 Jahr 1983, II. Teil, Würzburg (Selbstverlag)1997

Beck, Hans-Jürgen/Walter, Rudolf : Jüdisches Leben in Bad Kissingen (hrsg. von der Stadt Bad Kissingen). Bad Neustadt 1990

Bottlenberg-Landsberg, Maria Theodora von dem: Die „Weißen Blätter" des Karl-Ludwig Freiherrn von und zu Guttenberg. Zur Geschichte einer Zeitschrift monarchistisch-religiöser Opposition gegen den Nationalsozialismus 1933-1943. Berlin: Gedenkstätte deutscher Widerstand 2001

Dies.: Karl Ludwig Freiherr von und zu Guttenberg. 1902-1945. Ein Lebensbild. Berlin: Lukas-Verlag, 2003

Chevalley, Denis A./Gerlach, Stefan: Stadt Bad Kissingen (Denkmaltopographie Bundesrepublik Deutschland. Denkmäler in Bayern, Bd. 75). München 1998

Eberth, Werner: Bismarck und Bad Kissingen. Bad Kissingen: Theresienbrunnen-Verlag, 1998

Ders.: Ekkehard von Aura. Theresienbrunnen-Verlag, Bad Kissingen 2005

Ders.: Julius Kardinal Döpfner zum 100. Geburtstag. Theresienbrunnen-Verlag, Bad Kissingen 2013

Ders.: Der Deutsche Krieg von 1866 im Landkreis Bad Kissingen. Bad Kissingen 2016
Freunde der Trimburg e.V. (Verfasser Otmar Pfister): Trimburg. Wahrzeichen des fränkischen Saaletals.

Fries, Lorenz: Die Geschichte des Bauern-Krieges in Ostfranken. Hrsg. von August Schäffler und Theodor Henner. Würzburg 1883 (Reprint Aalen 1978), Bd. 1.

Fritz-Scheuplein, Monika [a.]u.: Dreidörfer Narrn stehn auf drei Sparrn. Ortsnecknamen in Unterfranken. Würzburg: Königshausen und Neumann, 2012

Hacke, Jens (Hrsg.): Wir haben Brücke zu sein. Reden, Äußerungen und Aufsätze zur Deutschlandpolitik. Köln 1988.

Hahn, Edi: Eine Führung durch die Kuranlagen. 1200 Jahre Stadtgeschichte. 801 bis 2001. Bad Kissingen (Selbstverlag) 1989

Ders.: Eine Stadtführung von und mit Edi Hahn. Bad Kissingen (Selbstverlag) 2001
Kirchner, Josef: Sonne und Wolken über Hammelburg. Heimatgeschichtliche Sammlung und Rückblick, Hammelburg 1988
Ders.: Hammelburger Heimat an der Fränkischen Saale. Hammelburg, o.J.
Ders.: Hammelburger Lesebuch. Hammelburg: Walz 2023
Künzl, Thomas: Epochenkrise im Epochenbad. Freimaurer, Antisemiten, Druidenbünde in Bad Kissingen. Bad Kissingen: August Tiefenbacher, 2004
Lisiecki, Josef: Sagen und Legenden aus dem Landkreis Bad Kissingen. Bad Kissingen: landkreis Bad Kissingen, 1982
Nabokov, Vladimir: Sprich, Erinnerung, sprich. Reinbek: Rowohlt 1999
N.N.: Die Trinkquellen von Kissingen und Bocklet und das Kissinger Bitterwasser. Med. Diss., Würzburg 1878
Reininger, Nikolaus: Münnerstadt und seine nächste Umgebung nach den ältesten archivalischen Nachrichten dargestellt, besonders in seinen kirchlichen, Religions- und Schulverhältnissen. Würzburg 1852
Raftopoulo, Wolf-Dieter: Rhön Grabfeld Kulturführer. Gerbrunn: Rmd Verlag, 2017
Salomon, Ernst von: Der Fragebogen. Reinbek: Rowohlt, 1991, S. 568 (Erstauflage 1951)
Schäfer, Friedrich: Das Eindringen des Nationalsozialismus in das Alltagsleben einer unterfränkischen Kleinstadt dargestellt am Beispiel Hammelburgs für die Jahre 1922 bis 1935 unter besonderer Berücksichtigung der Lokalpresse (Diss., Würzburger Universitätsschriften), Würzburg 1994
Schaupp, Monika : Aura an der Saale 1108-2008. Gemeinde Aura an der Saale, 2008
Weidisch, Peter im Auftrag der Stadt Bad Kissingen (Hrsg.): Otto von Botenlauben. Minnesänger Kreuzfahrer Klostergründer. Bad Kissingen 1994
Werner, Michael: Bad Kissingen und seine Umgebung. Ein praktischer Rathgeber und Wegweiser für Kurgäste. Kissingen 1874
Wittstadt, Klaus: Julius Kardinal Döpfner (1913–1976) – Anwalt Gottes und der Menschen. München: Don Bosco, 2001

2.2. Sammelbände

Albert, Reinhold (Hrsg.): Zeitzeugen berichten. Kriegsende 1945 und Nachkriegszeit im Königshofer Grabfeld. Bad Königshofen 1993
Bad Königshofen mit seinen Stadtteilen in Vergangenheit und Gegenwart. Bad Königshofen 1982
Projektgruppe des Gymnasiums Bad Königshofen: Erlebe Bad Königshofen im Wandel. Die Vielseitigkeit der Stadt Bad Königshofen um Grabfeld und Umgebung. Horb 2016
Merz, Johannes (Hrsg.): Hammelburg. Bausteine zur Pfarrgeschichte. Hammelburg: Selbstverlag des katholischen Pfarramtes, 1988
Ders. (Hrsg.): Oskar Röll 1908-2001. Begegnungen mit einer Priesterpersönlichkeit. Würzburg: Echter 2008
Stadt Hammelburg (Hrsg.): Hammelburg - Stadt mit Geschichte. Streifzug durch zwei Jahrhunderte. Hammelburg: Stadt Hammelburg, 2016

Stadt Königshofen (Hrsg.): Zeitzeugen berichten. Kriegsende 1945 und Nachkriegszeit im Königshofer Grabfeld, Bad Königshofen 1993

Staatsbad und Touristik Bad Bocklet GmbH (Hrsg.): Bad Bocklet. Besonders gesund. Einblicke 2021. Bad Bocklet, 2021

Staatsbad und Touristik GmbH Bad Neustadt: Das Tor zur Rhön. Bad Neustadt a.d. Saale. Bad Neustadt, 2021

2.3. Broschüren, Zeitschriftenbeiträge, Anthologieaufsätze und sonstige Literatur

Albert, Reinhold: 1989 brachte das Ende des Stasi-Feindobjektes „Thüringenblick". In: Frankenland, 1999, S. 420-30

Ders.: König Ludwig der Bayer verlieh der Stadt Königshofen vor 700 Jahren das Marktrecht. In: Landkreis Rhön-Grabfeld (Hrsg.)/ Albert, Reinhold (Schriftleitung): Heimat-Jahrbuch 2022, Mellrichstadt 2021, S. 69-88

Broschuere_2023_A5_auf4TB.indd (franken-classic.com)

Gemeinde Aura an der Saale (Hrsg.): Kloster Aura. O.J.

badbocklet_stahlquelle-flyer.pdf (hescuro.de)

https://www.campus-nes.de/fileadmin/FILES/CAMPUS_NES/Aktuelles/Downloads/2019-02- 18_Campus-Broschuere-2019.pdf

Heilgenthal, Ferdinand: Einiges zeugt noch von der alten Pracht. In: Main-Post, 17.4.2021

Kahle, Ulrich. Kunsthistorische Würdigung: Betr. Schloß Höllrich, Gemeinde Karsbach. Bayerische Landesamt für Denkmalpflege, 19.10.1985 (Faltblatt)

Kommunale Allianz Fränkischer Grabfeldgau / Reinhold Albert: Sagenhaftes Grabfeld (Faltblatt)

Kordwig, Alfred: Kultur statt Malz. Alte Darre. 400 Jahre altes Gebäude war Ziel der Architektour 2011. In: Main-Post, 3.8.2011, S. 10

Lenk, Leonhard, „Gleichen-Rußwurm, Alexander Freiherr von" in: Neue Deutsche Biographie 6 (1964), S. 445-446 [Online-Version]; URL: https://www.deutsche-biographie.de/pnd119371456.html#ndbcontent

Neef, Christian: „Erschießen Sie mich!". In: Der Spiegel, 7/2013, S. 86-89

N.N.: Liste der im Jahr 1857 angekommenen und abgereisten Kur- und Badegäste in Kissingen und Bocklet. Kissingen 1857 N.N.: Liste der im Jahr 1857 angekommenen und abgereisten Kur- und Badegäste in Kissingen und Bocklet. Kissingen 1878

N.N.: Die Trinkquellen von Kissingen und Bocklet und das Kissinger Bitterwasser. Med. Diss., Würzburg 1877

Romberg, Winfried/Zwicker, Stefanie: Karmelitenkirche St. Peter und Paul Bad Neustadt a.d. Saale. Gerchsheim 2016 Stadt Bad Kissingen: Kissinger Sommer. Internationales Musikfestival. Wien. Budapest. Prag. Bad Kissingen. 17.6.-17.7. Programm 2022 Tourismus und Stadtmarketing Bad Neustadt GmbH (Hrsg.): Das Tor zur Rhön. Bad Neustadt a. d. Saale. Bad Neustadt, 2021

Staatsbad und Touristik Bad Bocklet GmbH (Hrsg.): Bad Bocklet besonders gesund. Ayurveda Kneipp Reha und Prävention Wellness. Bad Kissingen 2021

Wolters, Petra: Archäologische Untersuchungen zum Früh- und Hochmittelalter im Neustädter Becken. In: Albert, Reinhold (Hrsg.): Heimat-Jahrbuch Rhön-Grabfeld 2022, S. 46-55

Wulz, Gerhard: Kissingens Schreckenstag – der 10. Juli 1866. Ein Augenzeugenbericht von Amelie Ihl. In: Frankenland, 2003, S. 223-226

DANK

Ich bedanke mich bei Herrn Hans Herr und Herrn Reinhold Albert für die Interviews.

Ein herzliches Dankeschön geht an Herrn Holger Wörner aus Aura an der Saale für seine Hinweise und Aussagen zur Heimatgeschichte sowie für seine Illustration. Ebenso bedanke ich mich beim Menschenfreundlichen Werk für die Fotogenehmigung der Schlossfassade in Sternberg, bei Karl Ludwig von und zu Guttenberg für die Erlaubnis, meine Fotos der Salzburg hier zu veröffentlichen, und bei der Stadtmarketing-Gesellschaft Bad Kissingen für die Foto-Genehmigung im Arkadenbau. Mein Dank geht auch an Herrn Michael Völkel aus Ebenhausen für seine inhaltlichen und gestalterischen Ratschläge.

Dr. Stefan Winckler, Jg. 1967 aus Schöllkrippen/Kreis Aschaffenburg, studierte Publizistik, Politikwissenschaft, Mittlere und Neuere Geschichte. Promovierte über Werk, Leben und politische Einstellungen des Journalisten Gerhard Löwenthal. Wirkt als freier Autor zu Themen seiner Studienfächer sowie von Bildbänden („Kleines Aschaffenburg-ABC", 2020), zu denen er auch fotografiert.
www.historiker-stefan-winckler.de